珍藏本

纪念版

汉译世界学术名著丛书

福利经济及国家理论

〔美〕鲍莫尔 著

郭家麟 郑孝齐 译

2017 年 · 北京

William J. Baumol
WELFARE ECONOMICS
AND THE THEORY OF THE STATE
Harvard University Press
Cambridge, Massachusetts 1952
本书根据美国哈佛大学出版社 1952 年版译出

汉译世界学术名著丛书
（120年纪念版·珍藏本）
出版说明

2017年2月11日，商务印书馆迎来120岁的生日。120年前，商务印书馆前贤怀揣文化救国的理想，抱持“昌明教育，开启民智”的使命，立足本土，放眼寰宇，以出版为津梁，沟通中西，为中国、为世界提供最富智慧的思想文化成果。无论世事白云苍狗，潮流左右激荡，甚至战火硝烟弥漫，始终践行学术报国之志，无改初心。

迻译世界各国学术名著，即其一端。早在20世纪初年便出版《原富》《天演论》等影响至今的代表性著作，1950年代后更致力于外国哲学和社会科学经典的译介，及至1980年代，辑为“汉译世界学术名著丛书”，汇涓为流，蔚为大观。丛书自1981年开始出版，历时三十余年，迄今已推出七百种，是我国现代出版史上规模最大、最为重要的学术翻译工程。

丛书所选之书，立场观点不囿于一派，学科领域不限于一门，皆为文明开启以来，各时代、各国家、各民族的思想与文化精粹，代表着人类已经到达过的精神境界。丛书系统译介世界学术经典，引领时代思想，为本土原创学术的发展提供丰富的文化滋养，为推动中国现代学术和现代化进程做出了突出的贡献。

为纪念商务印书馆成立120周年，我们整体推出“汉译世界学术名著丛书”120年纪念版的珍藏本，寄望既利于文化积累，又便于研读查考，同时向长期支持丛书出版的译者、编者和读者致以敬意。

两甲子后的今天，商务印书馆又站在了一个新的历史时间节点上。我们不仅要铭记先辈的身影和足迹，更须让我们的步伐充满新的时代精神。这是商务人代代相传的事业，更是与国家和民族的命运始终紧密相连的事业。我们责无旁贷，必须做好我们这代人的传承与创造，让我们的努力和成果不仅凝聚成民族文化的记忆，还能成为后来人可以接续的事业。唯此，才能不负前贤，无愧来者。

商务印书馆编辑部

2017年10月

译　　序

现代资产阶级的福利经济学可分为新旧两派。旧福利经济学的代表人物主要是英国的霍布森(1858—1940)和庇古(1877—1959);新福利经济学的主要代表人物有勒纳、希克斯、柏格森、席托夫斯基和萨缪尔森等。新旧福利经济学的区别,主要在于它们所用的分析方法不同:旧福利经济学是把边际效用作为基数来衡量个人和社会的福利,而新福利经济学则认为边际效用不能用基数来衡量,只可用序数衡量。至于新旧两派对社会福利的目标及国家干预经济等各种伦理问题和政策问题,则言人人殊,没有形成一个为经济学界所公认的体系。鲍莫尔这本书是用无差异曲线所表示的序数来分析问题的,属于新福利经济学一派。

鲍莫尔在1922年生于美国纽约。1942年毕业于纽约市立学院,在美国农业部工作一个时期后即赴英国留学。1949年在伦敦大学经济学院得博士学位。1949—1962年任普林斯顿大学助理教授。1952—1954年任副教授。1954年以后一直在该校任教授,并兼任该校数学研究会顾问。他是美国计量经济学会会员和美国经济学会的执行委员。著作除本书外,还著有《动态经济学概论》(1951)、《经济作用与经济政策》(1954)、《商业行为、价值和增长》(1959)、《经济理论及其运行的分析》(1960)等。

本书的特点是，除在方法论方面把“新古典主义”的理想产量理论用无差异曲线给以新的雕琢和发挥外，在目的论方面又发展了凯恩斯等人的国家干预经济的学说。鲍莫尔简要地叙述了早期各家有关福利经济的论述后，就开始讨论理想产量问题。他用相当多的篇幅以他独具特色的数学公式发展了帕累托以来的无差异分析方法。这是本书在方法论方面的贡献。他认为，理想产量的标准不是唯一的，对于偏离理想产量的情况也是不容易辨认的。但是一旦我们知道了偏离的方向和大小，就能采用奖励和赋税的方法加以改善。这种改善并不需要放弃市场机构的运用。因为用任何中央计划机构或其他组织替代市场机构来作为资源配置的决策者，其消除偏离理想产量的效果，不见得会比市场调节更好些。如果中央机构把消费者的需求估计错了，那就不仅会抵消这种计划的好处，而且会产生不良的后果。

这种观点，也正是美国经济学家们今天所主张的以市场经济为主、以政府干预为辅的混合经济观点。因为在帝国主义时代，垄断企业越来越多，市场上的垄断因素也就越来越大。在这种情况下，如用无差异曲线分析理想产量问题，就必须先在成品市场的需求都完全自由、没有外部经济等假定前提下进行分析。但在这样分析之后，马上就须放弃完全竞争的假定，引入垄断因素、消费行为、失业均衡等偏离理想的因素，以论述从完全竞争过渡到国家干预的问题。他说，垄断因素不仅使产量偏低，而且会把相当大的人力资源用于不符合全体经济福利的目的。对于消费者行为，他说，有很多方面，消费者的需求要受社会上的各种影响；所以完全竞争，无论在概念上或实际上都是有其困难的。关于失业问题，他说，在失业严重时，大家会希望政府以增加消费来制止危机；在通货膨胀严重时，也会要求政府采取课税、冻结工资、紧缩开支等办法来制止膨胀性的活动。

经过上述论述，著者把论点从自由主义转向国家干预的学说。他认为，一旦偏离了社会上最大集体福利的理想，如果没有国家法律的约束，常常会遇到来自个人或一部分人的阻力，而且这种偏离常常由于无知或见闻不全而难以改正。那么，政府的任务究竟应该放在哪里呢？他认为政府主要应当帮助社会成员用最大的效率来达到他们自己的目的。这样说来，统驭市场(但非取消市场)的决策就是政府在经济方面的主要工作。

由于著者在全书的进程中，必须经常改变前提，才能把相互矛盾的理论熔于一炉。所以除对理想产量进行的数理分析外，其他部分的分析都比较粗糙，甚至有许多逻辑不严密的情况。但这是资产阶级福利经济学著作中常有的现象。有人说，福利经济学是资产阶级经济学中最不能令人满意的部分之一。可是福利经济学又是经济学中最值得研究的部分之一。从现在研究国民收入时倾向于用经济净福利来测量经济生活的质量，就可以看出其重要性。从这一点来说，本书对我们有一定的参考价值。

本书的论点、分析方法及其晦涩不明的文句，都给译者的翻译工作带来不少困难。译完后，蒙陈玮同志通篇校阅，谨此致谢。但由于译者水平有限，错误和不妥之处仍在所难免。尚希读者不吝赐教。

译　者

目　　录

原　序

本书是我1949年春天提交给伦敦大学的博士论文的修订本。论文是在莱昂内尔·罗宾斯指导之下写成的。他给我的种种关怀指导，我是无限感激的，但我不打算在这里多谈我的感受，因为这种感激之情，刻骨铭心，不是翰墨所能尽述。至于我妻对本书的贡献，我也难以用言辞表达，只有铭感于心，谨以本书奉献给她吧！

许多学生、教师或经常来往的朋友们对我的协助，是一种无可估量的贡献，他们使伦敦大学经济学院成为一个真正令人愉快而鼓舞的地方。要开列一张详尽无遗的名单显然是不可能的；在这里我只能举出几位最有直接影响的人士，他们是格雷姆·多兰斯、戴维·芬奇、简·格雷夫、弗兰德和多萝西·哈恩、弗里德里克·海叶克和拉尔夫·特维。

同时我非常感谢马库斯·弗莱明先生、普罗菲索·卢茨先生和卫纳先生三位教授的批评和建议，本文的修订多半是以他们的意见为依据的。我也感谢里查德·昆特先生，他帮助我核对校样和制订索引。

读者无疑会注意到，许多论点同利特尔先生的《福利经济学评论》的观点或哈维里莫在《非自愿经济决策论》（《计量经济学》，1950年1月号）中的分析很接近。我的原稿在上述两文付印之前已基本完成，只是有几条简明的注释和参考使我满意，因此仓促添进拙著，这倒是无庸讳言的。不妨这样说，能和他们不谋而合，结为文字之交，在我，是昌胜欣忭之至的。

最后，本书的标题，有点言过其实，是相当勉强的。但在我所能想到的书名中，还是以这个最为切近本题。

威廉·J. 鲍莫尔

1950 年 6 月于普林斯顿大学

第一篇

外部经济论的推广

第一章　引论

一

无政府主义和古典的放任主义有很大的差别。[①] 在古典放任主义的鼓吹者们的心目中，政府当然是非常需要的组织机构，只要它的活动受到严格约束的话。

在他们的种种著作中，这个观点绝非仅见，表现在他们所列举的各种责任上，他们认为这些责任对于一个治理良好的国家来说，是非常必要的和合宜的。这些责任包括这样的明显项目，例如防卫、契约义务的监督执行、邮政和初等教育的设立等。所列举的每一项目，通常都附有冗长的注释，提出了著者把它列入的理由，并解释为什么最好不把这种特殊的职能委托给私人企业。

可是给人留下的感觉是，他们选择项目的方法多少有些武断。至少一眼就可以看出，其中没有使这些领域特别适合于政府介入的明显特征。而且，由于缺乏一种共同尺度用以决定是不是某种活动适宜于列入政府经管的范围，所以人们总会怀疑，排除某些项目是不是由于一时的感情冲动或失察。

① 参阅罗宾斯：《经济计划和国际秩序》，第 225—232 页。

明显的是，假托任何尺度来表明政府的适当范围，其本身必定是随意地依据某种特殊的伦理偏见。但是有一个可供选择的处理问题的方法，即是本文所采用的，根据人们的看法，认为它既能用以解决问题，也能用以回避问题。这个方法就是试图确定，在哪些情况（如果有的话）下，同一经济里的人们，为了最有效地追求他们自己的经济利益，感到特别有必要扩大他们政府的职权。然而，我并没有意思说，要扩大政府的活动，就应该符合或者必须符合这个标准。

诚然，在社会成员决意不需要为他们的事业提供合作的情况下，硬说给予充分的知识，公民们就能够最有效地照顾他们自己，无非是一种陈词滥调而已。可是在社会成员部分地相互依赖的地方，这个结论的正确性是值得怀疑的，我甚至敢断言，在某些情况下，它显然是错误的。

根据这一理由，我认为有可能确立某些一般性原则，来探讨社会成员在哪些情况下认为政府应该扩大权力，在哪些情况下认为政府不应该扩大权力。这个分析只不过是把用于讨论外部经济的一般论证加以扩大或予以一般化罢了。在这个过程中，古典学者认为政府应该开展的那些活动，其相互间的联系就看得更明显了。而且，可以说，至少在某些情况下，就这个准则来说，古典学者所列举的活动并不是完全的。

乍看起来，本文的目的似乎是超过了实际可能，过于奢望。我希望把一种国家经济理论建立在扩大外部经济论的基础上。这个理论应该解释，为什么有了理性的公民（特别是在民主制度下），还完全容忍政府干预经济事务。同时还应该概括地说明在这种情况下，通常会有什么样的责任落到政府肩上。然而，我只能在缺乏具体社会调查的情况下，尽我所能，寻求这些问题的答案。

如调查者已经发现的那样，可惜外部经济论是一个否定旧答案，而不是制定新答案的有效工具。一旦我们发现了对于我们最一般问题的解答时，它除了对各种复杂情况进行反复叙述外，是不能对实际行动提出什么准则的。在某些情况下，我们能够指出它达不到恰如其分的解答和分析过于简单化以致大大不得要领的缺点。老实说，使用外部经济论有一种危险：一旦把它放出来，它就可能像雨果从上下颠簸的甲板上开炮那样，不加区别地摧毁一切东西，具有指导行动作用的福利经济学，也会作为一个主要受害者而被摧毁。因此，当我在最后一章不能不对现在这样的福利分析的大部分是否能应用实施表示怀疑时，读者就不会觉得太惊奇了。

二

首先重新评述过去各时期在文献上发表的某些有关的论证，是有其必要的。我将特别考虑现代对理想产量和外部经济与不经济问题的讨论，打算把一些拘泥于形式的论点或多或少地延伸到同这个题目不经常联系的现象上。只在本文的第二篇里，我才设法以国家经济理论的形式把这些有名的论点加以抽象和总结。然而在这样处理之前，先拿出一定篇幅用于总结在第二篇中将要提出的某些论点，并顺便提出少数定义，也许不会是不妥当的。

三

假如我们下个定义说：个人主义经济是这样的一种经济，在这种经济支配下，大量的人为了寻求他们自己的利益而活动，而且这样做的时候，完全不顾他们的活动对社会中大多数其他成员会产生什么影响。我就把这样的活动叫做个人主义的活动（与集体主义正相反）。

一个人的活动和处境，不仅受他周围的物质环境的限制，而且也为他所依附的那种经济范围内其他成员的现实活动和潜在活动所限制。因此，可以笼统地说，每个人都可以在不同的环境下，接近各种各样的最大福利地位。但实际上，他能够确实达到的那个地位，却同时取决于经济中其他成员所获得的结果和他自己的努力。[①]

显然，在这些抽象地可能的最佳地位中，从我们个人的观点看来，必定至少存在一个无出其右的最好的地位。但是社会的不同成员所确认的这些最优越地位，未必是彼此一致的。因此，在每个成员只顾自己利益的社会中，就需要有一个分配制度来确定一个人的最优越地位，在这个分配制度下，所有其他的人都从事货物和劳务的生产，而其得到的货物和劳务（包括闲暇）仅仅是为最大限度地增加他们预期的净生产总现值所必需的数量，而全部消费品

① 参阅特里夫·哈维里莫：《非自愿经济决策论》，载《计量经济学》，1950年1月号。

余额都归一个人——即本文正在考察其福利的那个人。[①]

一般而论，这样一个人人垂涎的地位，并非人人都能同时得到。唯一的例外是，技术和资源状况只能使每个人的生产水平仅足维持活命。在这种情况下，在一个稳定的环境里，每人就必须得到他的最佳福利，因为这是一种不致因某个人饥饿致死而立刻引起混乱的唯一可能的安排。[②]

四

于是问题发生了：所有的人合在一起能使他们的福利最大化，有什么意义吗？换句话说，社会各个成员的目的要是可以通过我们讨论群体的目的而协调一致，有什么意义吗？对于这一点，我提议采取一个常用的准则，用反义词表达为：如果群体成员们的活动可以通过这样一种途径，既促进成员中某些人的经济福利，同时又对他们之中的任何人并不发生反影响，而加以改变的话，那么福利的最大化就没有达到，而情况还是能够改进的。注意，这并没有暗示说，如不可能有刚才所考虑到的这种活动或革新的情况，就必然是最佳的。但无论如何，有了这个准则，我们就得以从此着手了。

① 注意这是使“有理性的”奴隶主在他自己和他的奴隶之间的关系上，实现均衡的一个必要条件。这个条件在形式上类似厂商和其无生命的生产要素的关系上所实现的均衡条件。不过这条件在后者的分析上变得更简单了，因为决定这些无生命要素的消费量时，可以允许（维持）不包括支付物质刺激的问题。

② 我曾听到有人主张说，奴隶经济在很原始的社会中之所以不能存在，正是出于这个理由，即由于生产力低到一个人的生产仅够维持自己的生存，因而不可能生产可供剥夺的剩余。

可以想象，这种显然非最佳的情况确实存在，我们以后将要注意类似这种情况的实际事例。乍一看来似乎可能是，这样一个状态总会是内在不稳定的，有可能从考虑到的改变方式中得利的人们，就会因此着手去实行它。他不会遭到反对，因为根据假定，这种改变不会对别人产生反面影响。然而，本文的基本论点是，这种情况往往由于种种理由，实际上不会是不稳定的。无知就是其中的一个理由——大多数人显然不会认识到某种特定的改进的可能性。同时，保守势力、制度、习惯和物质的障碍也会拖延革新。

另一个阻碍福利状态得到改进的原因，有可能在人类心理学上发现。如果我们准备给论点赋予某种含义，认为某些人有时候是故意地对他们自己的福利采取一种背道而驰的态度，那么我们就可能对稳定的非最佳情况作出解释。[①]但在这个讨论中，我们将采用传统的假定（定义？）：一个人总是想要根据其环境，以最能增进其福利的方法去活动。

还有一个这样的偏离经济完善的理由，其详尽论述将构成本书分析的大部分。有一种行动方式，当他与别人协调活动时，有提高其个人福利的最大可能，但当他一个人活动时，却不一定就是有利于他个人福利的行动。发生这种背道而驰的情况是不难想象的。一个人自愿地为战备作贡献，如果别人不如此，那他就是愚蠢的。对他说来，希望别人慷慨解囊作出足够的贡献，从而使自己不必再分担义务，乃是人之常情。社会上每个成员按照个人活动的观点来看，不贡献可能是合乎情理的，但是从集体利益和每个人的

---

① 参阅卡尔·A.门宁格：《人反对他自己》，这个可能性是供一个精神病学家讨论的。

个人利益来看，必要时采取强制办法迫使每个人作这样的贡献，可能是恰当可取的。

请注意：如果我们假定政府的任务是帮助社会成员用最大的效率去达到他们自己的目的，那么像我们刚才考虑过的情况那样，统驭市场的决策就成为政府的工作了。这并不是因为政府基于某种独特的立场，不相信人民有判断能力，而是因为市场不能提供一种机构使这些决策得以实行生效。因此，在这里可以论证，同样有理性的个人，他虽不曾作出自愿的贡献，但却可能完全言行一致地投票赞成为了同一目的而增加赋税，从而使每个公民人人捐输，其数额恰好同先前拒绝自愿贡献者相当。

五

在这里引进一个进一步的名词是有其方便的。我将要说，当一个人按照我们所指的言行一致态度，进行整个群体福利最大化的活动时，这个人就是在做理想的活动。除这个定义中所蕴涵的意义之外，我将始终避免给理想这个词汇以任何规范性含义。

上面的讨论等于是说，在个人主义的经济条件下，一个人被私利引导而去作理想的活动，可能是非常特殊的情况。但是，就此得出结论说，这种情况在现实世界中根本不会发生，那是不合理的。[①]

① 这是弗里德曼教授曾经指责兰格博士的一个差错，而我相信兰格博士一般说来是无过的。参阅米尔顿·弗里德曼：《兰格关于价格弹性和就业》，载《美国经济评论》，1946年9月号，第613—631页，特别应注意第625—626页。同时参阅《价格弹性和就业》，第83页。

要是说：在现实世界上，价格制度有助于达到近似理想的结果，这倒不失为一个有说服力的论证。如果我们认为价格是一种向得利者提取有余，以补不利者不足的办法的话，那么在价格制度有成效地完成其任务的范围内，可以说所有活动的结果可能首先是落到他们的发起者身上。而在情况是这样的地方，那就变成为了个人利益而从事的理想活动了。简言之，就是“看不见的手”的解剖学。

即令我们不依靠价格制度的效能作为保证理想活动的机构，一旦出现价格制度不再在这方面起作用而又没有其他机构自动弥合缺口的情况，我们也还有别的办法可供选择。

就算切实采用同心协力的活动来补救这种情况，并不能推论说其结果将必然是稳定的。这一点，是不难一眼看透的；只要我们充分认识：不惜牺牲群体中一部分甚或全体成员的利益以谋求改进其个人地位的可能性是无法排除的。这种最大利益自然不可能每个人都同时得到。事实上，许多个人同时采取这样的手段，就可能实际上损害群体中每个成员的地位，但他们往往并不因为存在这种危险而不这样做。老实说，这也许是完全合情合理的，首先是因为先下手者总是能得到实利；其次还因为后下手者总是容易遭受最大部分的恶果。在这种情况下，唯有通过强制（政府的存在）才能维持理想。于是民主政府的实质，可能就是自愿接受一个为顺应公众愿望而设计的一种威灵显赫的中央机关。

第二章　早期的某些讨论

一

谋取利润（在资本主义经济中，任何自动机构都必须通过它的作用维持理想）和社会福利在任何环境下都不一定是完全一致的。那些为了限制价格制度和竞争的影响而在两者之间所作的任何联系，大体都是出于完全偶然的巧合。

因此我们有理由说，任何坚决主张公共福利在某种意义上必须在竞争的资本主义制度之下运用的观点，看来并不是一个无关紧要的小问题。我们认为，这在制定国家理论方面当然是一个实质性的问题，因为按照这里所采用的准则，如果社会福利能由经济自动化地调节而达到尽善尽美的地步，政府的活动就成为多余的了。

自然，如果人们由收入所得到的，正好是他提供服务的价值（不论其所指为何），那么所有的人都应当是（像巴师夏所讲的那样）真正和谐的。一旦作出了这种关键性的假定，数学的详尽阐述只不过是一种离题万里的装饰品而已。如果假定一个人只能以利人而得益的话，那就不可避免地会推论出，利己之心将使人人竭尽全力去为别人谋福利。

二

看来在这里首先研究一下有关我们这个问题的几次早期讨论，并不是不适宜的，其目的，一方面固然是要指出像上面那样的论点实际上已经有人使用了，[①]而更重要的，是要揭示这些讨论导致将外部经济分析应用于福利理论的过程。但我应该指出，这个简单的概述，既不彻底，也不完全有代表性。我只不过打算把作为“一家之言”的几位早期作者的主张，同马歇尔及马歇尔以后的分析相对照。我想指出，经济学家们有时对这个题目所表示的看法，似乎连他们自己也是半信半疑的，或者说他们的论据的充分性也是颇成问题的。这些作者中的大多数，在某些部分曾有过较谨慎和较容易被接受的主张，但是只要他们没有清楚地认识他们分析中别的部分的缺点，尤其是许多看法所提供的解释前后不一致，那么对这个题目的处理就不能认为是完全的，或者是全部令人满意的。

文献中最清楚而明确的论述之一，无疑是亚当·斯密书中非常著名的那一段。其假定之透彻，行文不枝不蔓，无诡辩式的累赘，这些特点都为嗣后的许多讨论所遵循，我们有充分的理由把这

① 最粗略地探讨这个问题的当然是“和谐经济学家”的研究。参阅巴师夏：《政治经济和谐论》，第二部，斯特林译本，爱丁堡 1870 年版，第 108、131 页。例如：

“服务是与服务交换的”。

“服务相等是自愿交换和交换之前的讨价和协议的结果……”

“凡是限制自由的事物，看来都会破坏服务相等……总而言之，我们相信自由就是和谐。”（着重点是巴师夏加的。）

段论述全文引证于此：

“每一个人使用他的资本投放于……工业，必定要尽力指导该工业，使其生产尽可能地具有最大价值。

“工业的生产就是意味着在使用的对象或材料上有新的增加。随着生产价值的大小，使用者的利润同样也会有按比例的大小。而任何人，唯有为了利润的缘故，才使用资本投放于工业；同时他会继续努力地使用它投放于该工业，使其生产尽量具有最大的价值，或者可能交换货币或其他货物的最大数量。

“……所以每一个人就尽他所能地努力……去指导（他投资的）工业，使得其生产会有最大价值；每一个人必定用他的最大努力提供社会的岁入。一般地说，他确实既无意于提高公共利益，也不知究竟提高了多少……而他正是在这种情况下，就像在许多其他情况下一样，由一只看不见的手引导他去提高实非出其本意的结果。”①

这一整段的中心内容都包含在有着重点的句子里。第一，前一段中说的是，利润取决于企业家所从事的生产的数量，而且直接随着这种数量的变化而变化。这个绝对明确的论述，没有给金钱积累的方法留有余地（掠夺和抢劫或许是例外）。第二，假定不同

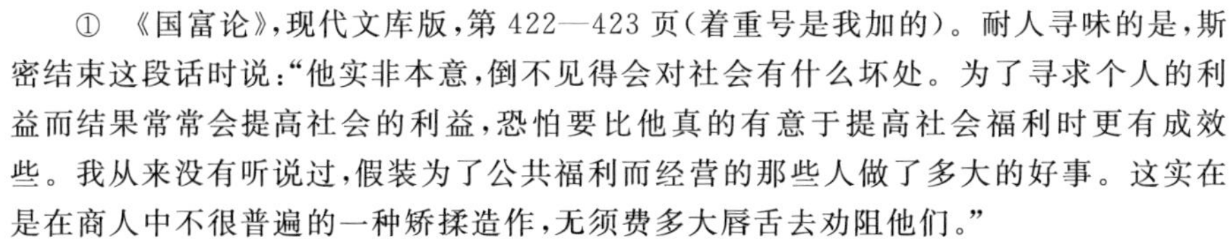

① 《国富论》，现代文库版，第 422—423 页（着重号是我加的）。耐人寻味的是，斯密结束这段话时说：“他实非本意，倒不见得会对社会有什么坏处。为了寻求个人的利益而结果常常会提高社会的利益，恐怕要比他真的有意于提高社会福利时更有成效些。我从来没有听说过，假装为了公共福利而经营的那些人做了多大的好事。这实在是在商人中不很普遍的一种矫揉造作，无须费多大唇舌去劝阻他们。”

投资者的努力彼此不相关，也就是一个人的生产并不显著地帮助或妨碍别人的生产。这清楚地包含于斯密所讲的那句话里，每一个人寻求使他所投资的工业生产最大化，所以他必定“用他的最大努力提供社会的岁入”。①

这可能是由于这些假定在亚当·斯密时代比它们在今天似乎更有道理些。生产系统中的媒介性安排，还是比较不成熟的形态，容许大多数生产行业有较大的独立性。而且银行业可能还没有达到十九世纪那样的精细、敏锐和发达。在《国富论》出版前五十多年南海冒险事业的惊人崩溃，看来可能多半是下流的低层社会交易，而不是合法的商业冒险事业，早期的金融巨商还很拙劣地披着体面的罩衫。②

在讨论我们这个问题的历史里，一种最不幸的循环推理毛病，在瓦尔拉的不如此就会成为非常有价值的著作中到处可以找到。

① 我们暂时先不管社会收入最大化含义中所包含的困难。

② “……那些狂热的公司，按对象来分是这样的一些：‘爱尔兰海岸打捞沉船——马匹和其他牲畜保险（两百万）——雇工损失保险——淡化盐水——建立私生子收养院——建造反抗海盗的船只——葵花子榨油——改进麦芽酒——恢复海员工资—铅中提银——把水银变成可锻铸的和精良的金属——坑煤制铁——从西班牙运进大量笨蛋傻瓜——头发交易——肥化肉猪——永动机车。’而最奇怪的，也许是‘一个将在适当时候揭晓的许诺’。每个认购者，交二个几尼（金币名——译注）押宝；到以后当众开彩，押中者就可得到一百几尼的彩金，这个办法是很诱惑人的，以致在一个早晨内就有一千个认购者付了押宝费，而那个发起人下午就带着这笔钱溜之大吉。”麦考莱勋爵——引证于沃尔特·白基浩：《伦巴第街》，第130—131页。

不过也要注意，在这里没有引证的另外几段话里，斯密确实注意到了垄断和垄断行径，而且确实用了并非不明确的词汇谴责了这些现象（上引书第五卷，第一章，第三部分，第一条“为便利某种商业分店的公共建设和机构”那一节）。同时参阅吉考卜·卫纳：《亚当·斯密和放任主义》，载《政治经济学杂志》，1927年。

这也附带地对于不加批判地和天真地相信以数学语言表达研究结果的危险性提供了一个例子。在某种意义上说，数学操作法所得到的东西不会多于有待于验证的前提本身所包含的那些东西。瓦尔拉用每一个人都是各自独立地追求他自己的目的的假定，得到了以数学说明的那个未见精彩的断言，在该环境（该环境包括的前提是所有其他的人都是各自独立地注意他自己的事）下每一个人都为自己谋取最大好处。①

如果我们注意到瓦尔拉是怎样给社会满足的最大化下定义，那么，瓦尔拉推论中的困难实质也就清楚了。

社会满足的最大化要求任何两个货物的边际效用之间的比率总是等于其中一个价格对另一个价格的比率。②

这是一个标准的论证，已知任何两个商品的价格，任何消费者能为他自己做到的最好情况就是，按照这样的比例购买这些商品，使得这两个商品对他的边际效用的比率等于这两个商品价格的比率。直到这里，这个论证无疑是十分正确的。但是当有人进一步讨论，在这些环境里，消费者们在现有技术和资源的条件下，是能

① 《纯政治经济学原理》最后版本，第 99、122 页及以后各页，尤其是第二十六讲和第二十七讲。但请注意以下一段："……我们对于自由竞争原则的论证，对我们来说，是以消费者对劳务和产品的效用所作的评价作为首要基础。因此这个论证假定个人需要和社会需要之间有一个根本区别；前者或称为私人效用，可由消费者去评价；后者或称为公共效用，其评价方式完全不同。因而自由竞争原则适用于私人利益物品的生产，而不适用于公共利益物品的生产。难道没有一些经济学家意图将公用事业交由私人工业承办，使之适用自由竞争原则，因而犯了错误吗？"（该书第 233 页）。同时参阅他的《应用政治经济学》，第 466—467、476 页等。

② 引自瓦尔拉前引书，第 122 页。除另有声明者外，都是我自己的翻译。

够像人类的企图和活动所能够做到的那样处于有利地位时，那就完全是另一回事了。物价系统和每一商品的特定市场价格，是人类活动的产物，并且确实有一部分可能正是刚才所考虑的消费者决定的类型。尽管在已知各种物价的水平下，消费者们毫无疑问会为他们自己谋求最大好处，但还不能就此推论说：他们不可能，例如用改变某些他们所遇到的物价，为他们自己谋得更多的好处，[①]或者说他们不可能用例如付出更高的价格或超出实际需要的多购的办法，替别人谋得更多的好处（在某种意义上，这比损害他们自己的程度还要大些）。

值得注意的是，谨慎的魏克塞尔，他清楚地看出瓦尔拉论证中的困难，虽然不无犹豫，但他自己还是堕入了老圈套，因而接着说："……暂时的结论是，自由竞争通常是保证生产最大化的充分条件。"[②]

一般认为马歇尔已把这个问题引到了更深透的分析，但是我将在下面论证，他的分析作为反对谬误的武器，较之作为一种基础借以构成可用的先验结果，要有用得多。[③]在试图调和报酬递增现象与厂商的均衡上，他发展了他著名的外部经济论，大致就是说，一个厂商的生产成本既取决于该工业的规模，也取决于各个厂商

① 参阅维克塞尔对这一点的出色讨论——《讲座》，第一卷，第72—83页。

② 上引书，第141页。

③ 马歇尔的前辈，著名的有萨伊、穆勒和西奇威克，他们正确地分析了这个问题，但是他们的论证似乎不应该未被承认就放过去，并且除了后者的显著例外之外，作者们自己实在也没有看到他们自己论点的大部分意义。参看后面第十二章。

本身的规模。[1] 我无须多说，庇古教授和别人已对这个学说加以发展，它给我准备了论证的实质并使我得到了许多重要而有意义的结论。很有必要现在就详细地探讨他们之中一些人的论点，但在这里我倒想先评论一下马歇尔以后的发展。

虽然现在已清楚，即使有了完全竞争的条件，也没有理由相信经济中成员的独立活动总会保证他们的总福利最大化，但是某一部分作者还有一种倾向，把竞争活动不能增进社会福利的情况归于反常的例外——往往是心照不宣，似乎无须证明的。[2] 事实已证明，在现存秩序维护者的一方面，宣告有例外的存在是个好策

① 应该注意，尽管马歇尔为正确分析这个问题奠定了基础，但他自己并没有发展成一个正当的论证。他考虑了消费者剩余，但有时却忽视了生产者剩余，所达到的结论，像庇古的结论那样肤浅，经过严密的检验证明是错误的。（注意，无论如何，他确实直接使用了外部经济的论点，得到同样的结论。参阅《国内价值纯理论》，第 36 页。）他的错误直接关系到庇古教授在他的《财富和福利》一书中所造成的错误。在该书中，他假定供给曲线总是一条平均社会成本曲线。参阅《财富和福利》，第二篇，第八章，又 A. A. 杨格：《庇古的“财富和福利”》，载《经济学季刊》，1913 年；D. H. 罗伯逊：《那些空箱子》和庇古教授的答辩，载《经济杂志》，1924 年；F. H. 奈特：《社会成本解释中的谬误》，载《经济学季刊》，1924 年，重引于《竞争伦理学》。又参阅马歇尔在《国内价值纯理论》中提出该论点的有意义形式，L. S. E. 重印本，第 36 页。这篇论文西奇威克是知道的。

自然，正确的论点是，供给曲线未必是一条边际社会成本曲线，比之需求曲线未必是一条边际社会利益曲线，没有什么两样。

② 注意甚至庇古教授对于这个假设也在某些场合中说：“当上面所极力主张的在某种工业中，由于边际社会净生产的价值与边际私人净生产的价值发生差异，而错投了资源数量时，它是默认地假定，在该工业的主要部分中这两者的价值是相等的……”（《福利经济学》，第四版，第 225 页。）

在这里作这个假定，主要是为了分析便利，但同庇古的《社会主义对资本主义》的第三章对比一下，那里的全部讨论是假定：为了在合理的竞争经济中达到一种非常接近理想的产量，在经济中只要求一些中和的租税和奖励。同时参阅埃利斯和费勒：《外部经济和不经济》，载《美国经济评论》，1943 年，特别是第 509、511 页。

略，因为一旦承认了这些是例外，进一步的讨论就没有意义了。

但出乎意料的是，就在勒纳教授有关政府统制经济的理论著作中[①]，在五百多页的篇幅中没有一处提到外部经济，因为这是可以用来消除种种批评现状的理由。所以勒纳得出结论说，完全竞争的特征，构成适当的组织和指导社会主义经济的良好准则，就不会使人惊讶了。[②]

① 《统制经济学》。参阅米德教授的书评，载《经济学杂志》，1945 年 4 月。

② 勒纳教授因为这样的理由，宁可称呼他的结构为“受统制的”，而不称为社会主义经济（见前引书的绪论）。参阅 F. A. 哈耶克：《个人主义和经济秩序》，第 186、208 页，莫里斯·多布：《政治经济学和资本主义》，第 273 页。

第三章 理想产量问题

一

这一章打算先把上一章结尾时概述的所谓理想产量分析，不加批评地再讲一讲[①]。有关的评论、观察以及革新的企图，大都要留待以后陈述。这里也要再指出，以目前情况来说，我对这些分析结果能否用作决策的基础深表怀疑。我所以如此仔细地进行这种分析，一部分为的是要指出我怀疑的理由。再者，它还可以用于反对某些相当普遍的而且是在重要问题的讨论中常被运用的错误观点，这也表示它还是多少有些用处的。

传统的问题是，在一定就业水平的假定下，把资源最适度地配置到各种可能的用途上。换句话说，如果各种生产要素各有一定的数量，问题就是要把它们按照这样的方式分配到各个工业部门

① 对这一问题的讨论有以下较重要的文献：庇古：《福利经济学》，第四版，第二篇和附录三，第四节、第五节，卡恩：《理想产量释义》，载《经济学杂志》，1935 年；肖夫：《变化成本与边际净产品》，载《经济学杂志》，1928 年；奈特：《社会成本解释中的谬误》，载《经济学季刊》，1924 年，又转载于《竞争伦理学》，第 217 页；罗伯逊：《那些空箱子》，和庇古的答辩，载《经济学杂志》，1924 年；琼·罗宾逊：《不完全竞争经济学》，第二十七章。关于“理想”这一名词，当然是从庇古教授开始使用的，参看《福利经济学》。第 224 页。

中去,使得没有另一种配置会对这个经济的成员产生更合意的结果。

在讨论的过程中,我要企图作一番叙述上的革新。我想要依据卡尔多和希克斯的社会无差异(Community indifference)概念[①]来说明论点,而不依据常用的马歇尔分析工具[②]。这样做有种种理由,在这些理由中,我必须承认是因为流行的风气爱好前者,并想避免仅仅重复早先问题的讨论。可是,我偏好于用无差异方式的叙述,还有一个特别重要的理由:它强调我们的问题主要是几个商品的相对产量,而不是其中任何一个商品的绝对产量。此外,在问题的讨论中所明指或暗含的一些特殊假定,它能很明白地显示

① 参看希克斯:《福利经济学基础》,载《经济学杂志》,1939 年 12 月,N. 卡尔多:《关税和贸易条件释义》,载《经济》杂志,1940 年 11 月,第 377—378 页。

② 马歇尔研究商品的效用是从某一商品对某一消费者开始的。如果以正坐标 x 轴表示某商品的数量,y 轴表示某人感受的效用,那么把效用对数量的关系画在坐标图上就是一条效用曲线。从生产者方面来看,只体现出作者所谓一个商品的绝对产量。

帕累托和后来的希克斯等研究商品效用,是从两个(或两个以上)商品的组合对某一消费者的效用开始的。如果采用空间正坐标,以 x 轴表示商品 A 的数量,y 轴表示商品 B 的数量,z 轴表示某人感受的组合效用,那么把效用对数量的关系画在坐标图上,就是一个效用曲面。如果从曲面上把一条当效用 z 的值确定不变,仅表示 x 与 y 关系的曲线投影到 x,y 平面上,就是一条无差异曲线。由此可见它原来就是商品 A 和 B 的数量,x 和 y 的不同组合,使某人感受同等效用时所形成的几何轨迹;由于某人从不同组合中得到了同等的满足,所以说它是无差异的。从生产者方面来看,它体现了作者所谓几个商品的相对产量。

无差异概念虽然是从等效用概念发展出来的,但它形成以后就摆脱了原来的效用分析,而从无差异曲线本身开始新的研究。据作者看来,效用必须作基数比较;无差异只需作序数比较,无需作基数比较,只要采用了无差异概念,早先有关效用不可测量等问题的讨论就可以避免了。

社会无差异概念又是从个人无差异概念引申出来的,作者在下面第二节中有详细叙述。——译者

出来。而且，我在下文所举的[①]一些对社会无差异概念的反对意见，偏巧和有关马歇尔的讨论（从需求曲线转化为社会边际效用曲线）有类似情况。[②③]

在讨论中我要使用几个基本假定：

1. 关于制成品在市场上的需求方面，在所有意义上都是完全的。

2. 在消费方面没有外部经济，也没有外部不经济，也就是说，任何一个消费者从一组商品中所获得的满足，绝不受其他任何人的消费的影响。

3. 在任何确定的时间内，社会上存在的货物，完全是通过市场在它的成员之间进行分配（配置）的。

4. 嗜好和生产技术不变。

5. 使用资源有一定的水平[④]，并且在任何特定用途上的资源，都按照知识和技术现状所允许的限度，尽可能地作有效使用。

6. 所讨论的货物没有一个在它的适用范围内，已经消费到饱和的程度，也就是说，每一个人对待每一货物都是愿意多些，不愿意少些。

---

① 参看下文第十章。

② 参看马歇尔：《经济学原理》，第三篇，第六章，第三节。

③ 在下文第十章，作者引证马歇尔原文谈到金钱对各人比较效用的价值判断不同，因此由个人无差异概念形成社会无差异概念，也同马歇尔所讲由个人需求曲线转化为社会边际效用曲线一样有类似的缺点，所以作者认为从这一点看来，无差异分析并不比马歇尔的工具坏，因而采用了。——译者

④ 要注意，我们并不像卡恩先生（见上引书第1页）那样，假定所有的资源都是充分使用的；而是假定每种资源都有一定的使用水平，在讨论中始终保持不变。这就避免了使卡恩先生感到麻烦的，即如何给土地的充分使用下定义的问题。

7. 相应的社会无差异曲线绝不会彼此相交(下文有解释)。

为了比较垄断性产量与竞争性产量,纵然(依照第三项假定)两者开始分配货物的情形有所不同,我们觉得还有必要(在第六节中)假定垄断的出现并不会改变原来竞争下的社会无差异的图形,这或者是因为垄断化影响小到可以忽略不计,或者是因为垄断者的嗜好和社会上其他人们的嗜好之间仍有其一致性。我相信这些假定比那些有关这问题的标准分析所使用的假定,要更明白些,但并不是更有力些。

二

理想产量的定义是,除此项产量外,没有其他可以通过在各工业部门间重新配置经济资源而取得的产量会使社会比以前更好些。依据社会无差异的分析,这就是说,对于生产理想产量所使用的资源,做了任何重新配置后,将会使这个经济的各成员受到这样的影响:那些因这种变革而境况转好的人们,并不能在补偿了那些因这种变革而境况转坏的人们之后,自己还有净利可得。

让我们把上述标准改用图解法叙述。为了不致太复杂起见,我们必须假定在所设想的经济中,仅仅生产两种商品。其所以要做这种颇为极端的假定,是因为在使用二维图形时就须有这种限制。用一种集合商品来代表社会上除某一种商品以外的所有一切商品,有可能多少避免因为采用这种极端假定而发生的困难。可是,这种方法含有各种各样的危险性和复杂性,同时用此法所得到的结论,同我们用简单化假定所达到的结论,在实质上是一样的。

因此，使用几种商品来做的另一种处理方法，就移至这一章的第七节和数学附录中去讨论，它可以由读者酌情处理，而无损于本文的连贯性。

使用这样两种商品的假定（在第三节、第五节和第六节将要用到），我们可以在第一图中，用横坐标轴和纵坐标轴分别表示商品 x 和 y 的产量。然后让带有标记 I_iI_i' 等等的曲线来表示社会无差异曲线，这些曲线描述了社会使用这些商品的各种可能组合的情况。任何一条这样的曲线都是 x 和 y 的所有组合的轨迹。这样一来，如果在同一条曲线上这些组合中的任何一个组合代替了另一个组合，很有可能是那些结果转好的人们对那些转坏的人们，恰好补偿掉他们的损失，而自己在两抵之后一点也不比原先坏（参看第十章，第二节）。现在我们只可能依据假定（上述第三项假定）来画这些曲线，即假设任何产量组合都通过市场（在他的一切需要为既定的情况下）这独一无二的方式来分配（配置），那么，个人在此过程中也获得了职业和收益。因为情况如果不是这样，图形上就会有某些点，并没有按独一无二的方式，把产量分配给某些个人，那么试图比较个人对这种处境与其他任何处境之间的偏好，就会没有意义了。

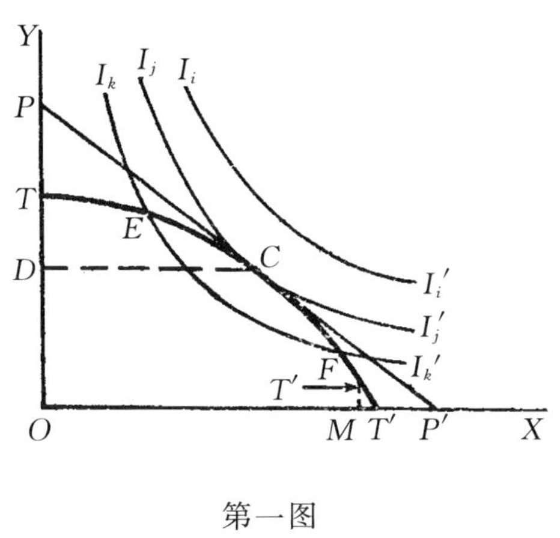

第一图

实现这种配置有时候也许要分为两个阶段——产品的最初分

配可用任何方式来得到，例如支付实物工资之类，然后消费者在完全的购买者市场上，用相互交换方式来达到唯一的重新配置（第一项和第二项假定），使进一步的交换对一切有关的人都不会有利。

通过图形上的每一点，至少会有一条社会无差异曲线[①]。这些曲线向下倾斜，大致可以假定它是向坐标轴凸出，在两条这样的曲线之间，社会是偏好一条位于另一条上面和右边的曲线，因为它对两种货物总是喜欢数量多些，而不愿意少些[②]。

在研究社会无差异曲线时，的确发生了一种在普通无差异分析上不常遇到的纠缠。那就是席托夫斯基[③]所指出的两条社会无差异曲线有相交的可能性[④]。

如果我们假定“真实的财富分配不变”这句话是有意义的，并假定在整个分析中都是这样分配的，那么这种麻烦就有可能不致发生，因为两条曲线相交的含义是：认为处境 A 与 B 同等合意，B 也与 C 同等合意，但就是（比方说）喜欢 A 而不喜欢 C。再解释得

① 如果两条社会无差异曲线相交，那么通过交点就会有两条曲线。——译者

② 参看下文第九节，社会无差异曲线的结构和意义在那里有进一步讨论。我所以推迟到本章结尾去讨论，主要是为了应付那些对于全社会无差异方法的连贯性和深远意义抱有怀疑的人们，同时也因为纵然不熟悉那一节，对本文其余部分的讨论还是跟得上。

③ 参看席托夫斯基：《经济学中的福利定理释义》，载《经济研究评论》，1941 年，又《再论关税理论》，载《经济研究评论》，1942 年。

④ 那就是卫纳教授建议叫做同族的两条曲线。因此他想，甚至个人的无差异图也会随其工种而有所不同；例如他对食物和衣着的需求将决定于在家工作还是出门工作。所以适应于每一样工种就有一族无差异曲线*，我假定这问题在第八章社会无差异的几何作图上不存在，但代数分析中还是暗含了。

* 由于个人无差异曲线有这样的复杂情形，而社会无差异曲线又是以个人为基础而形成的，所以同族的两条社会无差异曲线就可能相交。——译者

明确些，就是从 A 到 B 的改变中，获利者打算补偿损失者，从 B 到 C 的改变中也一样打算补偿，但在直接从 A 到 C 的改变中却不愿补偿。如果我们假定每个消费者的个人愿望不是前后矛盾的话，这只能说在改变的过程中补偿的支付力（真实财富）发生了重新分配，例如经过了 B 间接的从 A 到 C 的移动的那些获利者得到了直接改变过程中得不到的增额财富，因而就觉得补偿成本是相对地便宜了。

除非社会始终保持在同样的无差异曲线上，我看不出真实财富分配不变的概念能有什么明白的意义，所以我就另作假定，认为分配使社会偏好保持不变[①]，也就是说社会无差异曲线绝不相交了。虽然如此，我们还可以暂停一下，看看要是放弃这个假定会有什么不同。

如果我们采取席托夫斯基惯用的讲法，把无差异曲线上彼此相交的各点表示同等合意的处境，也就是说这种处境对社会是无差异的，那么就有一些产量本来不会看作与理想产量同等合意的，而现在却必须认为是同等合意了。这是因为通过代表任何非理想产量一点的无差异曲线，可能与通过理想产量一点的无差异曲线相交的缘故。

我们从以上得出的大部分结论并非不对，但是从中引出的推断却普遍地是软弱无力的，因为确定了处境 A 倾向于理想产量，而 B 则不然时（这是我们讨论的主要问题），虽然我们没有什么理

① 社会偏好不变与社会保持同样的无差异曲线的意思相同。——译者

由可以认为 A 较 B 好些，但是还可以下结论说 B 总不会比 A 好。[①]

只有一种情况，它的全部论点的确取决于假设社会无差异曲线的不相交，那就得出垄断者生产的产量超过理想产量绝对不合算的结论，而这里要使用这前提的理由也是十分明显的[②]。

我们也可以画一条曲线 TT'，通常称之为转换曲线(transformation curve)，它表示按(第五项假定)一定的资源数量，在技术上可能达到的产量的各种组合。因此如果把所有这些资源都用来生产 x，那么就能生产 OT' 那么多的 x，同样，用所有这些资源也恰好能够生产出 OT 那么多的 y。如果对 x 只生产 OM，那么就能让出足够的资源恰好生产 MT'' 那么多的 y。(第一图)

把曲线 TT' 画得对坐标轴凹进，这表示生产这两个商品所使用的资源具有不完全的代替性。如果这些资源彼此完全是可替代的，则 TT' 就会是一条直线，因为直线的意思是指对 x 的产量削减了一定数量，能使 y 的产量增加一些数量，这两个数量间的比率不随 x 的原产量的量值或改变的大小而变动。

只有在这条转换曲线与一条社会无差异曲线相切的时候，社

① 在两条社会无差异曲线彼此相交下，如果理想产量就在这相交点上，当处境 A 点较 B 点更倾向于代表理想产量的交点时，那么对这两条曲线中某一条来说，A 可能比 B 更近些；但对另一条来说，A 就不一定比 B 更近些，可能还会较远些。因此不能说 A 较 B 好些；但对这两条曲线总的说来，如果对距离和方向同时考虑的话，B 一般比 A 较远些而不会更近些，所以 B 总不会比 A 好。(建议读者自己画出图来，这样比较容易了解)——译者

② 假设两条社会无差异曲线彼此相交，理想产量就在这相交点上，如果其中一条与转换曲线相切(这名称下文有说明)，而能得出原文中关于垄断者生产量的结论，那么另一条一定不会与转换曲线相切，从而不能得出关于垄断者生产量的任何结论。(第六节原文对垄断者生产不超过理想产量问题有详细说明)——译者

会才会在所限定资源的水平下，处于尽可能好的情况，这是因为从切点沿转换曲线向两边方向移动，反会移到较低的无差异曲线上。在第一图中，可得到的最高的无差异曲线是 I_iI_i'，表示理想产量的是点 C。

我们很容易看出转换曲线在任何点上的斜度都代表着两商品的社会边际成本的比率（暂不谈讨论中所暗含的名词定义），因为这个斜度表示当商品 x 的产量有一定增加时，商品 y 产量所必须减少的数量和 x 增加量之间的比率。再者，对 y 所耗费资源的减少量（如果它在讨论中的变化很小的话），将等于 y 的减产量乘以 y 的社会边际成本[①]，而对 x 所耗费资源的增加量必须等于 x 的增产量乘以 x 的社会边际成本。由于对 y 耗费资源的减少量等于对 x 耗费资源的增加量，所以转换曲线的斜度＝

$$\frac{y\text{ 的减量}}{x\text{ 的增量}}=\frac{x\text{ 的边际社会成本}}{y\text{ 的边际社会成本}}$$

三

现在我们有条件来考察竞争性的产量并能与理想产量作比较了。对于使厂商的边际私人成本与边际社会成本之间发生差异的外部技术经济和其他原因，让我们暂时撇开不谈。

如果确定了开始的货物配置和价格水平，那么均衡状态按照

① 对 y 所耗费资源的减少量应等于 y 的减产量乘以减产量的社会平均成本，但由于假设减产量变化很小，边际成本接近于平均成本，所以原文用社会边际成本代替社会平均成本，使得分析比较细致。——译者

定义就要求每一个消费者，至少从他所消费的各种货物的比例来看，都可以处在尽可能好的地位。但是根据我们的假定（按第二项假定），消费者从一组货物所获得的满足，都不受社会其他成员消费的影响，那么当每个社会成员对每种货物消费了那样的数量以得到他尽可能好的地位时，在已知价格下，社会整体在上述这些限度内也同样处于尽可能好的情况。由于我们确定货物分配一直不变[①]，除非社会无差异曲线在某一代表产量组合的点上，与一条其斜度等于 x 价格与 y 价格之间比率的线（我们可以称之为价格线）[②]相切，则这个价格和产量组合就不能表示均衡产量，这是因为在别的点上社会成员可以改变对 x 与 y 的货币支出，也就是说，沿着该价格线（即一条固定的货币支出线）[③]移动到其他任何点上，来达到较高的无差异曲线，从而改善他们的处境。所以我们可以得出结论说，均衡状态要求社会无差异曲线通过均衡点，就在这一点上与价格线相切。因此在第一图上，如果 PP' 是一条价格线，那么 C 就是可能的均衡点，因为社会无差异曲线 I_jI_j' 在点 C 上与 PP' 相切。

需求情况讲过了，供给情况又是怎样的呢？我们知道，在包括

---

① 即假设所有社会无差异曲线彼此平行不相交。——译者

② 这里所使用的价格线，不像消费者均衡理论中所用的那样，它不是唯一的，而是具有一定（负数的）斜度的无数线中的一条。通过图上的每一点都有这样的一条价格线*。

* 消费者均衡理论是研究某一消费者如何把他的固定货币支出按照 x 与 y 的不同比率去使用的问题，所以他的价格线只有一条。而这里指的是社会成员，各人都有一条彼此可能不同的价格线，所以价格线就有无数多了。——译者

③ 参看希克斯：《价值与资本》，第 16—17 页。

资本完全流动和完全利用的完全竞争的均衡情况下，两种商品价格之间的比率必须等于该两种货物边际私人成本之间的比率。这从完全竞争下厂商（和工业）的均衡通常都要求边际成本等于价格的条件即可领会出来。不过我们还要假设两种商品的边际私人成本都等于边际社会成本。这样一来，如果我们有了上述假定条件下的均衡状态，那么两货物边际社会成本之间的比率就会等于边际私人成本之间的比率，因而照上述所示，也会等于价格之间的比率。但是上面已表明，转换曲线（第一图中的 TT'）的斜度等于两种货物产量的边际社会成本的比率。换句话说，均衡状态要求转换曲线斜度等于价格线斜度的一种产量组合，也就是说，通过均衡点的价格线必须在这一点上与转换曲线相切。所以均衡点按第五项假定必须位于转换曲线上，而该点上的转换曲线和通过该点的社会无差异曲线都必须与一条由价格比率决定其斜度的线相切；因此它们必须彼此相切。但无差异曲线与转换曲线相切是理想产量所要求的条件。因此这样的（如图中所假设的各种曲线形状的）切点如果只有这一个的话，那么这种假定条件下的竞争性产量组合（第一图上的点 C）就会是理想的。

四

在开始考察有了规模上的外部经济或外部不经济可能会发生什么变化之前，我们可以暂停一下，先来仔细地考虑一下这名词的意义和它为什么关系重要。

边际社会成本与边际私人成本之间发生了差异，最后是意味着个人的边际活动具有对社会不合意的影响，而他的报酬却并没有因此而减少或增加。很明显，当存在着这种可能性时，我们可以预期将会发生非理想的结果，因为个人的利益一般说来不会停止于对己合意的活动，也不会从事对己不合意的活动，尤其是当一个生产者如果能增加产量使所增加的成本小于所增加的毛利时，虽则边际社会成本已大到足以抵消掉任何社会的利得，仍值得他这样去做。因为这个理由，所以关于在完全竞争条件下产量一般会趋向于理想的结论，必须有一个明白的假定作基础，那就是增加产量在事实上不可能使边际私人成本与边际社会成本之间发生差异。尽管在我们目前的假设下有可能发生这种差异，但仍可能得到理想产量，比如说，如果所有工业部门都处于均势，根据使用资源有一定水平这一假设，一个工业只能在排挤掉某一或某些工业后才能得到发展。因此，如果因边际社会成本与边际私人成本之间的差异而造成扩张的趋势，而在不同的工业之间又能恰好相互抵消的话，那么就不一定会发生偏离理想产量的结果。

规模上的外部经济[①]是边际私人成本与边际社会成本之间发生差异的一个特例，已经证明应该加以细致的分析。外部经济或外部不经济这个名词，的确常粗略地当作边际私人成本与边际社

① 我们在此感到兴趣的是曾经讲过的规模上的技术性经济或技术性不经济，也就是说，某一个厂商增加了产量使（通常属于同一工业的）其他厂商在使用资源上发生了经济或不经济。还有所谓规模上的金钱不经济（它使马歇尔和庇古在早先讨论中产生了主要困难），它所讲的是厂商增加产量使其所用的生产要素提高了稀少性价值，以致原先使用的要素代价增加而提高了生产的货币成本。这些成本与货物生产的技术效率问题没有直接关系，因而也不在社会成本讨论之列。参看卫纳：《成本曲线与供给曲线》，载德文《国民经济杂志》，1932 年，转载于克莱门斯主编的《经济分析文选》。

会成本之间发生差异的同义词来使用。如果从上下文看来意思很明白，当然还可以这样使用。但严格地说，外部经济（外部不经济）的定义是：由于工业的规模扩大，特别是在该工业中其他厂商情况不变之下增加了生产，使得一家厂商生产成本降低（提高）了。这样的例子是很容易举出的。在很小的地区内进行生产的工业，如果扩大其规模会提高运输上的效率，从而减少每个厂商的生产成本，那就出现了外部经济。在相对缺鱼地区从事渔业就是一个规模上外部不经济的例子。任何一家渔商如果在这里扩大作业，就会增加鱼的稀少性，从而提高其他渔商的成本。应该明白外部经济或外部不经济实质上是表示价格调整上的缺点，其结果是一家厂商的所作所为对该工业中其余厂商的影响，不能通过价格的变动而得到补偿（或去进行补偿）。

有人建议[①]，始终处在完全竞争下的经济不会发生生产上的外部经济，因为看起来外部经济的存在含有厂商增购生产要素能降低一种或多种要素价格的意思。但这要求生产要素的售卖者是在递减成本的条件下进行生产，并要求在要素生产上也有外部经济或没有出现竞争性均衡[②]。当然，如果要素的生产者是在具有

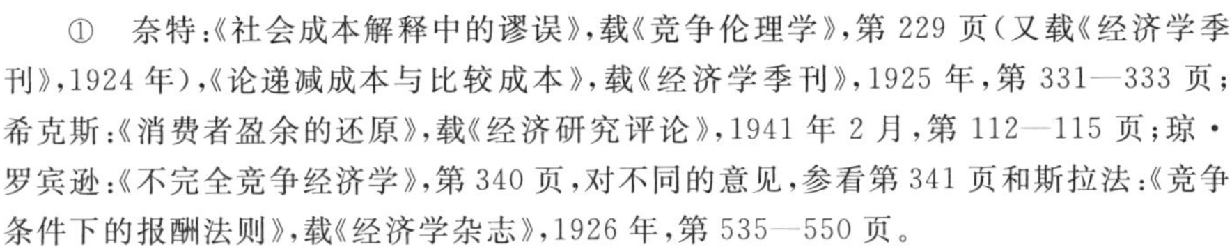

① 奈特：《社会成本解释中的谬误》，载《竞争伦理学》，第 229 页（又载《经济学季刊》，1924 年），《论递减成本与比较成本》，载《经济学季刊》，1925 年，第 331—333 页；希克斯：《消费者盈余的还原》，载《经济研究评论》，1941 年 2 月，第 112—115 页；琼·罗宾逊：《不完全竞争经济学》，第 340 页，对不同的意见，参看第 341 页和斯拉法：《竞争条件下的报酬法则》，载《经济学杂志》，1926 年，第 535—550 页。

② 参看马歇尔：《经济学原理》，第 459—460 页。在第 459 页的附注中论到古诺的部分当然是错误的。（比较古诺：《财富理论的数学原理》，培根版，第 91 页。）又参看斯拉法：《竞争条件下的报酬法则》，载《经济学杂志》，1926 年。

外部经济的条件下进行活动，那么他也必须转而得到在递减成本条件下所生产的要素；所以最终我们必须找到一种工业按其使用要素的实际效率来说，是在递减成本条件下进行生产的。而且这种工业还不能处在竞争性的均衡中。

上述论点实际上忽视了外部经济可以由改变进货本身的性质而引起，而不一定改变其进货的价格（如斯拉法所指出）。在一个地区如果采矿量增加了，那就值得改用铁道来代替兽力运输，虽然两者的价格和生产成本都保持不变。同样，增加学习机会，比较不同效率的生产方法，开展社会活动乃至以生产竞赛来增强劳动的信念等，都可以提高采矿劳动者的效率。在完全竞争下显然可以发生所有这些成本的改变。

五

我们可依据无差异图解法来考察在竞争情况下边际社会成本与边际私人成本发生差异时所产生的影响。前已指出，竞争性均衡要求任何两项工业边际私人成本间的比率无疑地等于其产品价格间的比率。现在如果有一项工业在其边际私人成本与边际社会成本之间发生了非常大的差距，那么这项工业的边际社会成本与其他工业的边际社会成本之间的比率就不会等于其边际私人成本之间的比率，也就是说，在均衡状态下不会等于其价格之间的比率。其结果，价格线就不会像第一图那样再与转换曲线相切。因此在第二图表示的情况下，如果这一工业的边际社会成本（与其他工业比较）相对地小于边际私人成本，例如，如果 x 是在具有很大外部经济的条件下生产的，那么为保持供给均衡所要求的价格线就会以带有标记 EE' 的线来表示，而不以与转换曲线 TT' 相切的线来表示。换句话说，x 的价格，较之边际私人成本与边际社会成本之间没有相对差异的情况，会相对地偏高①。同理，如果 x 是在边际社会成本相对地大于边际私人成本的条件下生产的，也就是说，我们有规模上的外部不经济，那么就要用第三图中的 DD' 线来表示生产者的均衡价格线②。

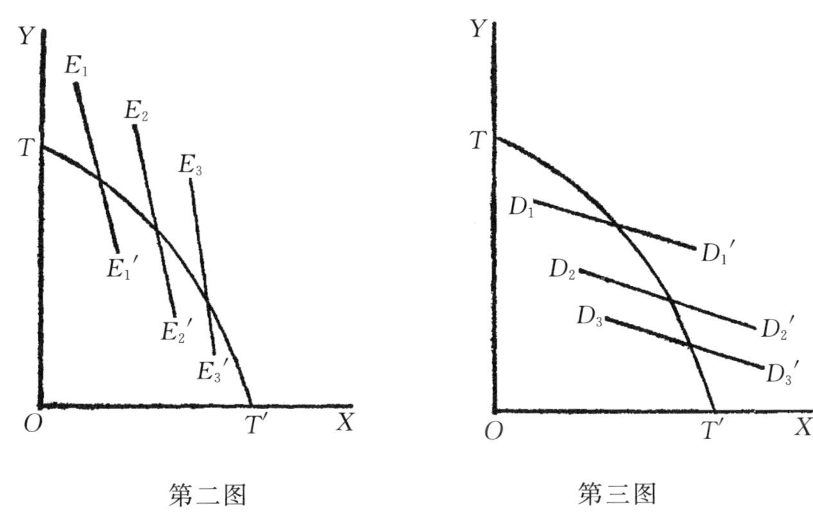

第二图　　　　第三图

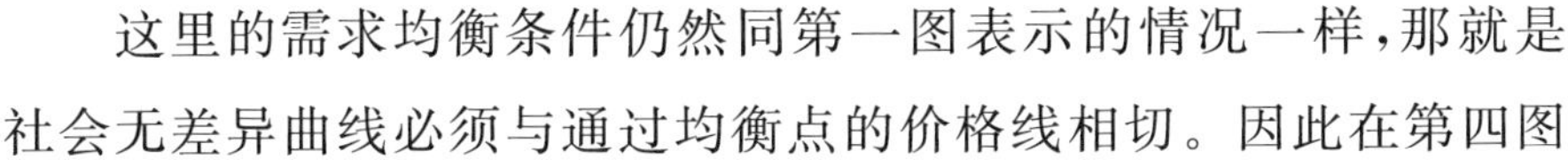

这里的需求均衡条件仍然同第一图表示的情况一样，那就是社会无差异曲线必须与通过均衡点的价格线相切。因此在第四图

① 从第二图与第一图对比可以看出，每当 x 增减一定数量，它在第二图上沿价格线 EE' 所换得 y 的数量要比在第一图上沿价格线 PP' 所换得 y 的数量多一些。——译者

② 从第三图与第一图对比可以看出，每当 x 增减一定数量，它在第三图上沿价格线 DD' 所换得 y 的数量要比在第一图上沿价格线 PP' 所换得 y 的数量少一些。——译者

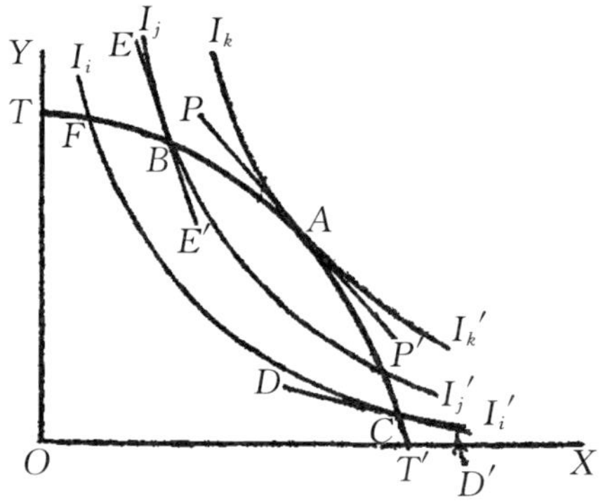

第四图

上如果用 EE' 表示价格线，也就是说，如果 x 是在具有相对大的外部经济条件下生产的，那么 B 就会是均衡点。另一方面，如果（x 在外部不经济下的）价格线是 DD'，C 会是均衡点。如果边际私人产品与边际社会产品之间没有差异，致使 PP' 就是价格线，那就可以得到理想产量 A。由此可见，外部经济会使 x 的竞争性产量过小，而外部不经济会使它过大①，可以料想到，有了外部经济（或者说私人成本有超过社会成本的情况），就是有利于社会开发而不利于私人开发的时机。自然，在外部不经济的情况下正与此相反。

应该注意到 B 和 C 都是处在比 A 低一些的社会无差异曲线上。

六

我们这时可以放下完全竞争情况的讨论，去考察另外一些情

① 由于在有了外部经济的场合，价格线的斜度大于转换曲线的斜度，而在理想产量以及较大一点的产量上，社会无差异曲线的斜度，在绝对值上又小于或者等于转换曲线的斜度，也就是说，社会无差异曲线是从下面与转换曲线相割或是相切的，于是在理想产量以及较大的产量上，就不会有这样的一条价格线，在它与转换曲线相连接的时候，还能与无差异曲线相切。因此在理想产量以及任何较大的产量上都没有外部经济下的均衡状态。在外部不经济的场合，也可以作类似的论述。

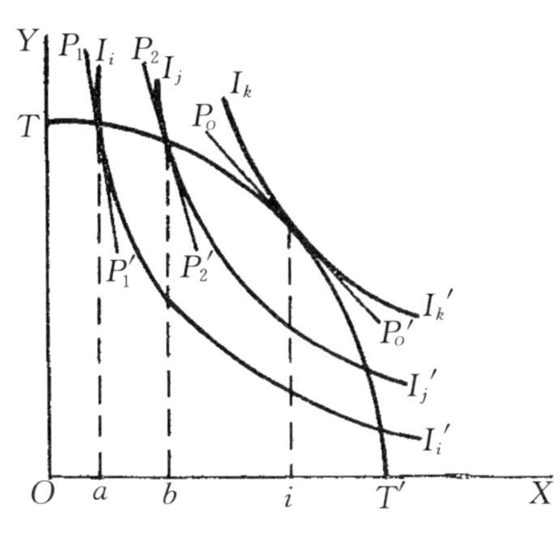

第五图

况了。这些情况的第一种是，一个工业部门出现了垄断。一种垄断了的工业结果会对产量产生很不幸的限制，这是我们很熟知的。借助于无差异分析工具来考察它对各种商品相对产量的影响仍然有其意义。为了分析简便起见，我们假设边际社会成本与边际私人成本之间没有差异，但垄断化本身直接产生的差异除外。

现在，产量均衡状态要有一种使垄断者获得最大利润的相对价格。因此就有必要用图解法去考察利润的表现和某些有关的概念。

在第五图中，如果垄断者生产 x(y 处在完全竞争情况下)，他打算出售 x 的产量 oa，那么他的价格线就是 P_1P_1'，其斜度表示出售商品所能得到的最高价格。这条价格线就在 a 点上方，在转换曲线和无差异曲线相交的交点上，同无差异曲线相切。同理，产量 ob 的价格线是 P_2P_2'，oi 的价格线是 P_OP_O'。因为 oi 是在边际社会成本与边际私人成本没有差异、处于竞争性均衡状态下的产量，所以它会是理想产量。

现在让我们试以商品 y 来衡量垄断者的收入和成本。在第六图上，我们假设垄断者已选定出售商品 x 的 oa 数量，表示其出售条件的价格线就是 PA。如果我们通过均衡点 A，画一条直线 BA 与 x 轴平行，那么从价格线的定义上就可以看出，依照已定的

相对价格，会用 x 的 oa 去交换 y 的 BP。因此该垄断者售卖的总收入用 y 来表示，就会是 BP。

该垄断者的成本是怎样的呢？首先，我们看到，如果他不但不生产 x 的 oa 数量，而且完全不生产 x，那么 y 的生产会上升到 BT。因此生产 x 的 oa 所需的总社会成本就是 y 的 BT。但 BT 不一定是该垄断者的总私人成本，而正是后者涉及他预计的利润。我们暂时再考虑一下竞争的场合，就很容易看出，这两种总成本一般说来并不相等。回头再看第一图，我们看到，依照我们的解释，如果 C 是均衡点，那么生产 x 的工业所获得的总收入就用 DP 来表示，总社会成本就用 DT 来表示，如果总社会成本等于总私人成本，那么该工业就会获得以 TP 表示的总利润。但在具有完全竞争均衡的情况下，我们已经知道应该是没有利润的，这就暗示总私人成本不是 DT 而是 DP 了。总私人成本 DP ①与总社会成本 DT 间的差额 TP 应等于该工业支付的租金。

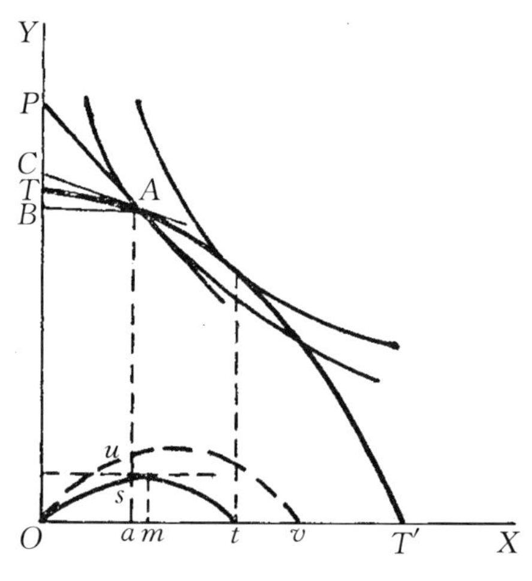

第六图

从以上（第六图）看来，当 A 是对应于 x 的产量 oa 在转换曲线上的点，BA 是通过点 A 的水平线，又当 CA 是在点 A 上与转换

① 原文总私人成本误作 DT，已改正。——译者

曲线相切的直线，则一般说来，我们可以指出：一门工业在任一产量水平 x 的 oa 上所支付包括租金[1]在内的总成本，在竞争条件下会用 BC 来衡量。C 和 B 分别是 CA 和 BA 与 y 轴的交点。这个结果当然可以把上一段论述的竞争性均衡包括在内，作为一个特例看待。关于这个命题可以表达如下：

x 生产 oa（用货币来表示）的总成本是 x 的（包括租金在内的）平均成本乘以 oa。如用 y 来衡量的话，必须再乘一个因数，这个因数表示单位货币所能得到的 y 的单位数。但如 y 用货币表示的价格是 $P(y)$，那么一个单位货币所能得到 y 的数量就是 $\frac{1}{P(y)}$。又由于我们假设 y 是在完全竞争下生产的，均衡状态下的 $P(y)$ 必须等于 y 包括租金在内的平均成本，因为这时已没有利润了。因此对 x 生产 oa 的总成本就是 $\frac{oa(x\text{ 的包括租金在内的平均成本})}{y\text{ 的包括租金在内的平均成本}}$。又由于在完全竞争下，租金构成边际单位产量的私人成本与其他任何单位产量成本之间的差额，所以每一单位产量（包括租金在内）的成本就等于包括租金在内的平均成本。因此包括租金在内的平均成本就等于边际单位产量的私人成本，从而在我们目前的假设下，也等于该项产量的边际社会成本[2]，这就使得对 x 生产 oa 的总成本 $=oa\,\frac{x\text{ 的包括租金在内的平均成本}}{y\text{ 的包括租金在内的平均成本}}=oa\,\frac{x\text{ 的边际社会成本}}{y\text{ 的边际社会成本}}=$（前

① 租金要求两个工业之间使用质地不同的进货，或者是使用至少部分不同的进货。

② 参看琼·罗宾逊：《不完全竞争经济学》，第八章、第九章和第十章。

已指出的)oa 乘以表示有关产量组合点上的转换曲线斜度[①]=〔oa(=BA)乘以 CA 的斜度〕=BC。

我们可以总结起来说,垄断者对 x 的任何产量 oa,会获得用 BP 表示的毛收入总额,如果他付出了竞争性租金,就会获得用 CP 表示的纯利润,因为 BC 表示包括租金在内的总成本。当然,PA 必须是在点 A 上与社会无差异曲线相切的价格线,而 CA 又在点 A 上与转换曲线相切[②]。

我们很容易画出垄断者纯利润的总额是 x 产量函数的曲线。在 x 轴的 a 点上作一垂直线 aA,在这条垂直线上找出 S 点,使 aS=CP,代表产量 oa 的纯利润总额。对于 x 的其他任何产量也同样可以画出这样一些点来。连接这些点的曲线 ost 就是纯利润总额曲线[③]。要注意纯利润总额曲线在理想产量 ot 上总是零,因为在那个产量上同一条线将会同时和转换曲线与社会无差异曲线相切。对任何大于 ot 的产量,其纯利润总额将是负数,也就是说,生产 x 的厂商会亏本,因为无差异曲线是从下面上来与转换曲线相割,使得同无差异曲线相切的线会与 y 轴相割于较低的点;而同

① 参看第二节结尾的公式。因 CA 的斜度=$\frac{BC}{BA}$,故 $BA\frac{BC}{BA}=BC$。——译者

② 因此转换曲线在点 A 上的斜度是用 y 表示的 x 的平均成本;社会无差异曲线在点 A 上的斜度是用 y 表示的 x 的平均收入。

③ 为简便起见,我们在这里假定垄断者用 y 表示的收入价值是他所得效用的正确指标。在这个场合,使他用 y 表示的利润达到最大值,也就是使他所得效用达到的最大值。当 y 是(黄金之类的)货币商品,而垄断者在力图使他的货币所得达到最大值时,就会发生这种特殊而重要的情况。当上述假定并不适用时,就必须直接运用垄断者无差异图来分析。注意他的消费结果对市场价格的影响是通过社会无差异图上他的偏好影响来说明的,但其中包含了这样一个不会有的假设,那就是他以同其他任何消费者一样的条件,来购买自己的商品。

转换曲线相切的线会与 y 轴相割于较高的点。同理，对于小于 ot 的产量，纯利润总额会是正数。再者，对于零产量，成本和毛收入都是零，总利润也是零。对零与 ot 之间的产量，纯利润总额开始时上升，后来再下降。

垄断性产量（第六图上的 om）会产生最大的总利润，也就是说 ost 曲线在这里达到了最大值。由此立刻就可看出 x 的垄断性产量显然小于理想产量。因此 x 的生产如果处在完全竞争的条件下，边际私人净产品与边际社会净产品之间也没有差异，那么不妨认为经济资源已经较有效地用于满足消费者的需要了。

我们进行的论述一直假设垄断者付出了全部竞争性租金，但是该垄断者对他的生产要素有可能并不比别处付得多些，也就是说，并不比在 y 的生产上付得多些。因而他的支付未必高于社会成本，所以他的纯利润一般地讲，就会大于上述的数目。因此，对于 x 的产量 oa，他的纯利润不是用 CP，而是用 TP 来表示，即不是用 as，而是用 au 来表示。对于产量的每一水平，他的纯利润如果用一条线来表示的话，这条线的长度就等于有关价格线同 y 轴的交点与 T 点之间的距离，这 T 点就是转换曲线同 y 轴的连接点。正和我们画出的 ost，亦即已付租金后的纯利润曲线一样，我们可以画出 ouv，一条不付竞争性租金的纯利润曲线。曲线 ouv 在原点以外的每一点上都位于 ost 曲线之上，这两条曲线间的垂直距离一般是从左到右递增，这是由于竞争性租金随同业务的扩大，一般是递增，而肯定不会递减。后面这一点暗示出曲线 ouv 要在 ost 曲线达到最高点后再偏右的某一点上才达到它的最大值，所以垄断性产量的趋势是在不付租金时要比付完全租金时多

一些。

我们可以指出在垄断者不付租金的情况下，还不值得他销售超过理想水平的产量，因为在竞争性产量右边的任何点上，转换曲线都比它在理想水平上要低一些。这就是说，此时在社会上有较多于理想产量的 x 和较少于理想产量的 y。但是根据通常的假设(比如假定无差异曲线是凹型的)，这时的社会对失去一定量的 y，要求增加较多的 x，才能保持无差异，也就是说，社会无差异曲线在理想产量上的斜度要求在绝对值上大于它与再靠右一些的转换曲线相割时的斜度。另外，与转换曲线相切的切线必须位于竞争性均衡点以下，否则该无差异曲线(依据向坐标凸出的假设)也要位于那一点以上，也就是说，要在通过理想产量点的无差异曲线以上了。要是这样，那就会得出结论说，一条无差异曲线一面在其他一条之下，一面又在这一条之上，结果就等于说两条无差异曲线相交，而我们假设这是不会发生的。因此，由于理想产量点右边的价格线比该点上的价格线具有较小的斜度，而且处在较低的地位，这右边价格线与 y 轴相割的地点必须低于理想价格线与之相割的地点。这就是说，根据以上说明，垄断者生产任何产量如果大于理想产量，那么即使在不付租金的场合，也必然表明他所获利润较之生产理想产量时为少。

可以设想，虽然垄断者付出了若干租金，但还没有达到竞争性工业所要付的那么多。在这种场合下，实际的纯利润曲线就会位于上述两条曲线之间。

如果竞争性产量的边际私人成本和边际社会成本有了相当大的差异，那么垄断性产量会有可能在社会无差异的意义上，胜过竞争性产量。因此回过头来再看第四图就会明白:均衡的产量组合将决定于价格线(EE'或DD')的斜度,而这斜度又将决定于x在生产上所具有的外部经济或者外部不经济的性质。其结果是,用转换曲线上的一点所表示的任何产量组合,只要合乎上述条件,在理论上都是可能的。因此,如果垄断条件下生产x的均衡点是B,又如果规模上的外部不经济产生了用C来表示的竞争性产量,那就表明这竞争性产量会比垄断性产量处于较低的社会无差异曲线上。同理,如果有这样大小的外部经济正好产生用F表示的竞争性产量组合,那就表示这垄断性产量对社会会是较好的,在这种场合,x的垄断性产量确实会超过竞争性产量。①

当然,以上的讨论,我们是假定了规模上的外部经济或者外部不经济对于垄断产量并无影响。但这并不是没有问题,因为在某工业中的一个厂商采取竞争性的措施,而不顾到他的行动对同业中其他厂商的影响时,这一生产单位对其他任何生产单位的影响,就相当于一个占有这门工业所有生产单位的垄断者不顾到他的行动对他自己的影响一样。因此,对于竞争性工业中的一个厂商的外部经济,未必就是垄断者的外部经济。例如,当一个厂商扩大规模将会提高工业中一切厂商的运输效率时,这种扩大如由一个厂商单独去做可能没有利益,但如果该工业为一个人所独占,那就仍然会获得利益,所以说,对一切生产单位有影响的经济影响了一个单位的钱袋。

以上分析的结果,说明了因垄断而造成的某种商品产量不能

① 参看琼·罗宾逊:《不完全竞争经济学》,第十四章,讨论这种比较的正确性。

充分增大的情况，只有在其他商品的生产是在完全竞争的条件下进行，而边际私人成本和边际社会成本之间又没有差异时，才能精确地适用。如果工业 y 是被垄断的，或者是在外部经济条件下生产，但却将其产量压低在理想产量以下，那么这种垄断影响和（或）外部经济影响，就有可能相互抵消掉。[①] 还应该注意到，这一结论是根据使用一切资源都有一定的水平这个假设而得出的。总之，一种比较保险的说法只能是：在经济中拥有很多的垄断者，同时工业又是在边际私人成本与边际社会成本之间有差异的条件下进行生产的情况下，只能在想象中得到按理想分配资源的结果，想要真正做到这一点，只不过是一种幻想的巧合罢了。

七

我们已讨论了完全竞争下和纯粹垄断下的均衡性质。我不想探究区分各种垄断的问题，这样做并不会得到什么令人满意的结果[②]。同时我也要大大避免讨论寡头垄断的一般问题。我这样做，基本上是因为我们几乎可以想象得出，在寡头垄断条件下所发生的任何情形。寡头垄断协议的性质，至少有一部分可以决定于寡头垄断者的个人品德、私人财产以及和解条件，如果达成了某种

---

① 这里指 x 和 y 两种商品都是垄断性生产和（或者）都有外部经济，因此它们在 x 和 y 之间可能相互抵消。——译者

② 参阅庇古：《福利经济学》，第二篇，第十七章，和附录三，第八节；又琼·罗宾逊：《不完全竞争经济学》，第五篇。

协议，那就表明对参加者都是一种满意的妥协。这样一来，对寡头垄断者的情况就不便去作演绎的分析，除非是像诺曼和莫干斯坦所做的那种片段的或者笼统的分析，但这并不合乎我们目前的要求①。

但我还想联系到理想产量，联系到产品差别条件下、垄断竞争条件下、或多样化竞争条件下的产量，把寡头垄断扼要地再讨论一下。②

在这种场合，很难说得上把生产要素配置到不同工业部门中去，因为确切地说，这里只有厂商而没有工业，每一家都在制造一种与别家名不相同的产品。

但是这里还可以讲一讲个别厂商的经营效率③。在这些情况下，可以想象得到，并不允许厂商获得任何利润，因为不然的话，只要还有利可图，就值得新的竞争者从事近似替代品的生产。

现在，在产品差别的场合，平均收益曲线和边际收益曲线一般都是向右向下倾斜，而在完全竞争时却都是接近水平线的。无利润均衡状态要求平均成本曲线（第七图中的 CC'）与平均收益曲线（RR'）相切。从第七图可见，在竞争性均衡产量 oc 时，成本曲线

① 譬如，不能适合于讨论目前问题的原因是：如何使用一种完全的合理的假设，使得集团成员在下一次争论产品分工以前，先作出必要的合作以达到理想的结果。从而绝不会有什么偏离于理想的情况。当然，作者对这种结果也作了十分有用的解释。请看《博弈论与经济行为》，第 513 页，特别是脚注 3。

② 参阅张伯仑：《垄断竞争理论》，特别是第五章，第五节到第七节。

③ 这一段是联系到理想产量的讨论，理想产量就是经营效率最高的状态。——译者

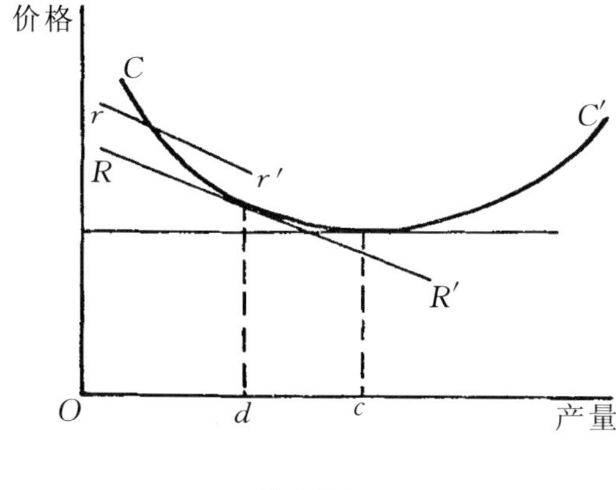

第七图

必定在最低点。相反,由于在垄断竞争条件下,平均收益曲线向下倾斜,因而均衡产量 od 就必定小于竞争性产量。再者,厂商在垄断竞争下的平均成本将在最低平均成本之上,也就是说,该厂商如果是在生产竞争性产量,就会得到最低的平均成本。所有以上论点都是依据平均成本曲线向下凸出的假定。[①]

因此我们可以得出结论说:在产品差别的条件下,在经营规模上会有能力过剩的特征。不过在解释这结论时必须慎重。首先,这未必意味着会建造好多过大的设备而又闲置一部分不用。很难想象在长期均衡状态下会有这种特征,因为到了更新机器的时候,会尽可能地另造较为适中的设备。能力过剩的意义如不是有某些设备闲置不用,就是设备并不能按照其规模产生应有的最大的物质效能。

① 参看张伯仑:《垄断竞争理论》,附录 B,还可参看卡尔多:《厂商的均衡》,载《经济学》杂志,1934 年,以资比较。

解释能力过剩的第二个或许是更根本的问题是，难于决定厂商生产的较大产量是否真正合意。如果对消费者来说，一些替代品之间如有“真正”的差别，那就可以想象得到，要以削减另一替代品产量来扩充任何一项替代品产量，即使其成本和价格也降低了，也没有足够的需求来保证它的实现。只有当我们能肯定产品的差别主要是虚有其表并对消费者无关紧要的时候，只有当合并的厂商无须产品标准化就能达到大规模经济的时候，我们才能判断得不出错误。在这种场合，我们可以下结论说，实行产品标准化或者合并厂商，会以较低的社会成本（也就是说，如果其结果是改用了数量较少而规模较大的设备，那就会使用较少的资源）使消费者大多数都能得到同以前一样的满足。当然，这里所指的不是货物的总产量太少，而是每一厂商生产该货物（及其近似替代品）太少了。

八

我们在第二节开始时讲过，根据只存在两种商品的假定所进行的图形讨论，大可用一种集合商品来代表经济中除一种以外的一切商品，而直接应用到有 n 个商品的经济情况中去。我现在要试图指明怎样去应用它，并指出用这种方法进行的讨论所必须受到的某些限制。

在第一图上，令商品产量 x 沿横坐标测量，纵坐标表示集合商品的产量 y，它是用指数方法来代表除 x 以外的所有其他商品的产量。我们所采用的指数必须具有以下的特征：即购买 Ky_1 所用的货币数量必须正好是按照 y 的均衡价格购买 y_1 的 K 倍。可能有人反对说，当我们假设在编制指数时先已知道均衡价格，这就是一种循环推理。如果我们企图用这种指数工具来解释怎样达到均衡状态，那么这种反对无疑是正确的，但是我们这样假设的目的，只是要叙述不管用什么方法，如均衡一旦达到，它可能是一种什么样的情况而已①。

我们不得不采用这样的特殊指数来表示 y 的产量的理由是：如果不用这种指数，我们就不能画出价格线，因为前已讲过，价格线必须是不变支出曲线，而这里一定不会是一条直线。如果 Ky_1 不是购买 y_1 的 K 倍价值，就无法解释相对价格。可以顺便注意到，满足上述标准的指数应是组成 y 商品的总货币价值，它是对一定水平的 y 用均衡价格来计算的②。

在以下的讨论中，我们假设包括于 y 的所有商品都是在完全竞争条件下进行生产和售卖的。

如果把所有确定的资源，按照适合的技术情况，以最有效的方式，用来生产 x，那么可令 OT' 表示生产 x 的产量。然后假设 x 的

---

① 照原文意，设集合商品中有某一商品 y_1 = 产量，P_1 = 实际价格，$P_1{}'$ = 均衡价格，Ky_1 = 集合商品的产量，则 y 的产量指数 $Ky_1P_1 = Ky_1P_1{}'$，这就要求 $P_1 = P_1{}'$，亦即要求实际价格等于均衡价格。按均衡价格是实际价格在活动中达到均衡状态的结果；所以要解释怎样达到均衡，可以借助于以实际价格编制的指数工具。现在编制指数时假定实际价格就是尚未得知的均衡价格，所以是一种循环推理。但作者编制指数，假设实际价格等于均衡价格，并不想用这种指数来解释怎样达到均衡，而只是认为均衡状态无论怎样达到以后，实际价格应该等于均衡价格。——译者

② 如果 Ky_1 不是购买 y_1 的 K 倍价值，也就是说，所采用的指数如果不是按均衡价格计算的 $Ky_1P_1{}'$，而指数中的实际价格 P_1 可以随产量 y_1 的大小而有不同的话，那么 $Ky_1P_1 \neq Ky_1P_1{}'$，即以 y 轴所表示的指数 Ky_1P_1 中不但含有产量 y_1 的变动，而且还含有价格 P_1 的变动。这样一来，就无法依据产量来解释 x 与 y 的相对价格，也就没有直线形状的价格线了。——译者

产量减为OM，将有一批资源移出去生产别的商品。由于这些别的商品是在完全竞争条件下生产的，其结果是：如果确定了消费者需求的条件和供给的技术条件，那么组成y的每一商品的增产量总会按唯一的方式决定下来。再假设代表y的产量水平的指数对这种特定的产量组合定出了一个数字，用MT''来表示①。于是MT''就表示，如果x的产量是OM时，被移出的一批资源所能生产y的数量。同理，在x大于或等于零但小于OT'的每一个产量上，相应地有一个y的水平，而且对应于每一个这种y的水平，组成y的那些商品都各有一个独一无二的产量水平，这种水平是通过市场按照一般均衡分析所讲的方式决定下来的。

因此我们可以画出一条转换曲线TT'，用来表示假设确定了资源的数量可能得到的各种产量组合。但这条曲线不是纯技术性的数据，这是由于它还部分地为各种商品的需求所决定，就是这种需求决定了把定量的资源配置到组成y的各种商品中去的不同情况。

我们还没有明显地解说y点不在转换曲线上的意义，要解说也并不费事。不管x在任何产量上，如果资源通过一定途径增加了（或减少了）一定数量，市场就会把这些资源按照一定的方式配置到组成y的商品中去。因此可取出x和y的任一水平，比方说x_0和y_0，使y不落在转换曲线上。我们可以想象原来使用的资源

① y的产量水平指数Ky_1P_1'对这种特定产量组合所定的数字是用MT''来表示的，原文误作MT'，已更正。——译者

都发生了成比例的变化，[①]并以组成 y 商品的产量所产生的变化制成衡量 y 产量的指数，等于 y_0。于是 y_0 的构成对于 x_0 来说，就完全确定了。这暗示了对于 x 的不同价值，一定的 y 会有不同的意义，而仅此一点已足够满足我们的目的，因为我们不过要求图形上每一点都有唯一的解说，并不要求每一纵坐标也有唯一的解说。

既然对图形上每一点都有了这样一种确定的解说，那我们就可以像以前一样画出社会无差异曲线。我们现在有条件重新解释我们的分析，不过这一回是用 n 个商品的体系来分析的。可是，我们现在活动的余地却比以前更受限制，因为我们现在只能对均衡点，而不是别的点，作出正确的结论，用以解决该特定点是不是代表一种理想的产量。因此，在第四图上，如果 B 点是均衡点，那我们就有理由说该均衡产量不是理想的，但我们却没有理由说理想产量是用 A 点来表示的。因为如果 A 点是均衡产量，B 点不是均衡产量，那么价格结构以及任何 y 的构成就会完全不同，使得转换曲线和社会无差异曲线都会随之而移动位置。因此有可能在 A 点的均衡中，使社会无差异曲线不会在那里再和转换曲线相切。由于同样的理由，我们再不能去比较 B 点和 C 点哪一个较为合意或者更接近于理想产量。

---

① 可以有理由说，我们选用的所有要素成比例的变化是任意性的，由于选用要素量发生变化的情形有所不同，从而社会无差异曲线的式样也可能很不相同。虽然这是正确的，但基本上不影响我们的结论，我们的结论不过是要决定通过均衡点的社会无差异曲线是不是与转换曲线相切罢了。这种要素变化的选择最后只是决定于转换曲线上所在点的性质，因为它仅仅要求我们分辨清楚从均衡点沿转换曲线所发生的微小变动，对社会是不是无差异的。因此离开转换曲线添画些社会无差异曲线，主要只是一种解释的手段而已。

很多关于垄断均衡的讨论确实还是正确的。这里用 y 表示垄断者的收入(表现在货币上),也确有一定的解说。但利润曲线上除均衡点的讨论仍然正确外,大部分显然成为无意义的了。由于我们企图用其他一些点来解释垄断者怎样决定他的均衡产量,对于 n 个商品的分析我们就不再谈了。

另外还有以代数分析的逼近法,这种研究法能够改进我们的论点,而不受二维表达法所特有的限制,这要留待附录中去叙述了。

九

对社会无差异图的画法要求作进一步的考虑。如果已知社会上每个人的无差异图,也就是说,已知所有无差异分析所能考虑到的、关于社会成员嗜好的情况,那么当技术还不能使我们感到十分满意时,我们必须能够指出怎样才可以画出这种社会无差异图。我们也必须能够详细说明在讨论中所讲过的补偿,实际上是用什么办法去支付的。换句话说,我们必须能够指出我们的论述所依据的图形是可能画出而且也是有意义的。在图解方法上我要恢复用两个商品的假定,但将会看出,讨论却完全是一般性的[①]。

① 我曾试图简化论述,可惜没有成功。席托夫斯基(在所著《经济学中的福利定理释义》中)的确提出了一个更好的方法,可用以在两个人的社会的假设下画社会无差异图(画法是把一个人的无差异图颠倒过来加在另一人的图上,互相对叠起来),但我们在这里所使用的方法则是适用于一个拥有任何确定数目成员的社会。这一节的论点在附录中有较清楚、更一般的代数叙述,如读者愿意,可以去看一看。当然,我们的这种画法并不能满足阿罗判别社会福利函数的所有标准。参看阿罗:《社会选择与个人价值》。

为了便于说明，假设社会上有两个人。令这两个人的个人无差异图分别用第八图 b 和第八图 c 表示，社会上 x 和 y 的总量用

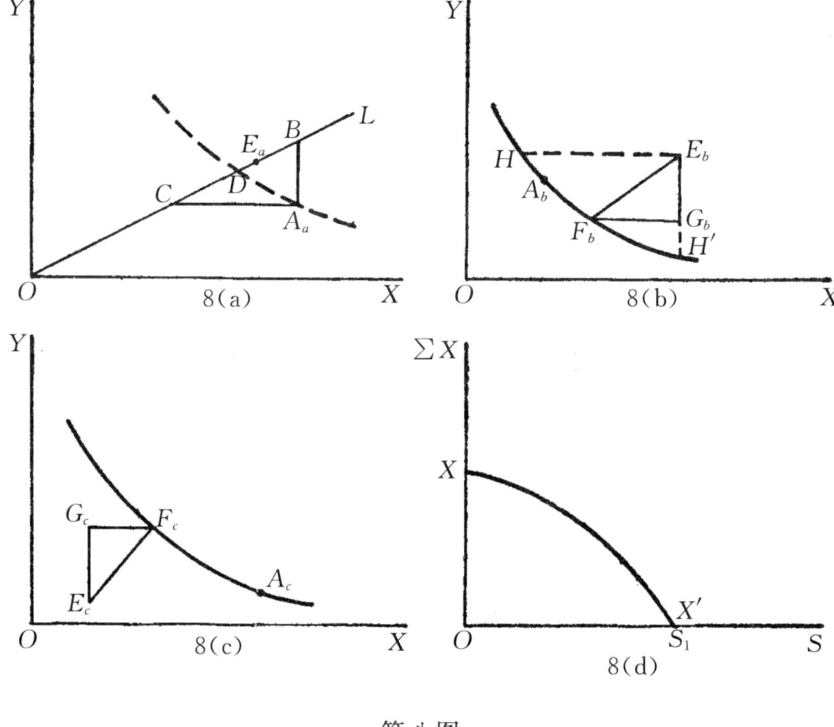

第八图

第八图 a 表示。然后根据第三项假定，对应于第八图 a 上的每一点（例如 A_a 点），在第八图 b 和第八图 c 上分别有唯一的 A_b 和 A_c，以表示 x 和 y 分到每一社会成员手中的数量。当然，A_a 的横坐标和纵坐标分别等于 A_b 和 A_c 之横坐标的总和以及纵坐标的总和。不过图形上并没有按照它的比例尺度去画。

我们可以讲，社会对于一切商品的数量总是喜欢多些而不喜欢少些，因为如果把那较多的数量分配得使受益的人不能去补偿

受损失的人[①]，那么将每种货物恢复到原先的总量，就可以做到对有关的每个人都没有损失。把各种货物的增加量加以交换再加暂时的储存，就能做到这一点。然后（根据第六项假定）将所有的增加量绝对地平分掉，也一定会使每个人都比以前好些。但这后一种做法可由消费者相互交换来实现，而根据第一项和第二项假定，这在完全的购买者市场的某一阶段就会实现。因此，如果所有资源的增加量是通过我们在这里谈到的一种市场去决定配置的话，那么配置它的增加量而不让社会比以前好些的情况乃是不会有的事。这定理用类似推理法应用于只有一些商品增加数量，别的商品数量仍然不变的场合，更有说服力。

我们现在可以来画社会无差异图了。通过 A_b 和 A_c 画出（个人的）无差异曲线。在第八图 a 上通过原点画出一条不经过 A_a 点的任意直线 OL。那么，如果 B 是 OL 线上正在 A_a 的上面或偏右边的点（表示持有 y 的总量增加了而 x 的持有量未变，或者是相反的情况），则在 OL 线上比 B 离原点较远的任何一点都表示社会的处境是更好些。同理，如果 C 点是 OL 线上、恰在 A_a 的左边或偏下面的点，那么社会必然是爱好 A_a 而不喜欢 OL 上任何比 C 距原点更近之点所表示的处境。由此（如果我们承认有连续性）就可以下结论说，在 B 与 C 之间的 OL 上会有一个 D 点，使得社会在 D 与 A_a 之间无差异。顺便也可以看出社会无差异曲线的斜度是负的。

① 例如，如果每个人所获得的货物较以前所有的都是欠合意的一种，就可能发生这种情况。

为了找到 D,我们在这里要进行确很冗长的叙述:在 OL 上 B 与 C 之间任取一点 E_a。令第八图 b 上的 E_b 和第八图 c 上的 E_c 表示给与社会成员相应的份额。

对第八图 a 上 A_a 与 E_a 这两点进行比较,我们的目的是要找出在变动中获利者的利得能不能对那些受损者付出补偿还有多余,还是正好付出补偿,或者还不够付出补偿。补偿可以用任何商品付出,也可以用一组商品付出。

我们对(正值的)**个人补偿提供**(individual's compensation offer)下的定义是:从变动中得利者那里取出任何一批商品恰好抵消他的利得;而对(负值的)**个人补偿提供**下的定义是:对变动中的受损者给与任何一批商品恰好抵消他的损失。然后,我们把**补偿提供**的定义定为:所有社会成员个人补偿提供的**任何一种总和**,例如假设社会上只有两种商品(啤酒和烟草),两个人(1 和 2),在一定变动后的补偿中,得利者 1(除别的补偿外)愿提供两加仑啤酒和一磅烟草,而受损者 2 愿接受一加仑啤酒和一又四分之一磅烟草,那么以上这些情况综合起来,就构成这里所谓的补偿提供。显然,在一定的变动下,可能会有无数这样的**补偿提供**,我们的问题是要找到**哪一种**是合意的,或者是更合意的,也就是说,哪一种能使得利者去满足受损者的补偿需求。最后,与任何补偿提供相仿,我们对任何商品的**净补偿提供**下的定义是:对该商品**个人补偿提供的代数和**。因此,上例中的啤酒净补偿提供是一加仑,烟草的净补偿提供是负的四分之一磅。

这样一来,对于任何一种商品 y,每当别的商品的净提供量愈少时,则它的净补偿就愈大。这是因为,如果其他情况不变,减少

了其他某种商品 x 的净提供量，就意味着或者是得利者提供 x 的数量减少了，或者是受损者需求 x 的数量增加了，或者这两种情况都有。于是他们中的每个人为了用他个人的补偿提供（或补偿需求），继续把他的利得或损失恰好抵消掉，就必须对其他商品[①]比以前提供得多些或者需求得少些。

如果一种补偿提供是合意的，则其中任何货物的净补偿提供绝不能降到零以下，也就是说，每种货物的补偿提供必须是超过或是等于补偿需求[②]。从以上所讲以及前一段的论述可以推出[③]，作为补偿所提供的 y 的总净量，只有在其他每种商品提供的净量是零时[④]，它才会是合意的提供条件下的最大值。于是当补偿提供的 y 的最大净量超过、等于或低于零时，这种改变就会使社会的

① 这里所指的其他商品就是上文讲的 y，由于 y，比以前提供较多或需求较少，所以它的净补偿也就增大了。——译者

② 如果出现次货，这种说法就须稍加斟酌。在付出补偿的过程中，付出者想多付些次货，收进者想少收些次货，以致实际上可能值得补偿的收进者向付出者退回次货以掉换可付出的其他补偿货物。这样一种（合意的）提供就可能成为一种包含有次货的负值净补偿提供了。但如果我们把净补偿提供的意义换一种解释，作为是（不管是谁）所提供的一种货物的数量减去（不管是谁）所需求的该货物的数量，那么付出和需求的量，使得收进者对他目前的与先前的情况感到无差异时，就易于说明这种说法是无须加以修改了。（译者注：上注把次货退回看作是次货提供的减少，所以它的净补偿提供可以是负值；后来也把它看作是一种提供，所以它的净补偿提供就不会是负值了。）

③ 以上讲合意的补偿提供必须有大于或等于零的提供净量；前一段讲其他商品净提供量减少，y 的净补偿就越大。——译者

④ 要注意这句话并不暗示 y 以外的任何商品都没有提供或需求。显然我们并不想在支付补偿商品的选择上存偏见；的确不可能用单单一种商品去支付补偿（例如对不吸烟的受损者付出烟草），而是可以用其他某些商品或商品组合来支付。我们说鞋子的净补偿为零的意思是指它的需求恰好得到满足，而不是说鞋子完全没有提供或需求。

处境好些、无差异或差些。因为在其他所有商品的净提供等于零时，如果 y 的最大净提供等于或低于零，那就不可能有什么其他合意的补偿提供，这是由于多提供一些（比方说）x 的净量，就必须使某些其他商品的净提供更加减少。

于是，问题就在于这种 y 的最大净提供怎样才能够决定？我要指出，这要求每个人所提供（需求）的 x 和 y 的数量，使他同 y 换 x 的边际替代率（x 与 y 对他个人的边际效用比率）和别人的边际替代率一样。因为如果个人 1 对 x 的边际欲望（与他对 y 的边际欲望比较来说）大于个人 2；同时如果个人 1 所减少的 x 的提供量正等于个人 2 的增加量，那么为了抵消 x，个人 2 所减供 y 的数量就会小于个人 1 所增供 y 的数量。因此当所有人的 x 换 y 的边际替代率不相等时，则 y 的总净提供就不能达到最大值，这是由于当 x 的净提供保持不变时，y 的净提供是可以增加的。

边际替代率当然是用每个人的无差异曲线上有关点的斜度来表示的。[①] 考虑到通过 A_b 的该个人无差异曲线上任一点 F_b 的斜度 $S(F_b)$，他可以经由付出或收进相当量的补偿而达到 F_b 点（因此 F_b 必须位于 H 和 H' 之间），则他要提供 x 的数量就可以用 F_bG_b 来表示[②]（F_bG_b 平行于 x 轴，并垂直于 G_bE_b）。

令 F_c 在第八图 c 上是位于通过 A_c 的无差异曲线上的点，具有同样的斜度 $S(F_b)$。如果从 E_c 收进（付出）一个相当数量的补偿就可以达到 F_c 点，并令从 E_c 到 F_c 必须付出 x 的数量为 F_cG_c，

① 参看希克斯：《价值与资本》，第 14、20—21 页。

② 从上述已知 E_b 为对该个人原设的配额，从 E_b 到 F_b 所提供 x 的数量等于 F_bG_b，所以 F_b 必须位子 H 与 H' 之间。——译者

则 $F_bG_b-(-)F_cG_c$[①] 就是对应于无差异曲线上任一有关斜度 S 所提供的 x 净量。把对应于每一 S 的这些净提供画在第八图 d 上(即曲线 XX')。令 S_1 是 XX_1 与横轴相交割的点。于是 S_1 就是当 x 的净提供总量为零时的斜度,又由于对应于 S_1 的 y 提供必然包含着 y 换 x 的边际替代率的相等性,所以这些提供的总和必须是 y 的合意的净提供的最大值。为了说明起见,如设 $S_1=S(F_b)$,则 y 的最大净付出就会是 $G_bE_b-(-)G_cE_c$。[②]

如果取有关的无差异曲线向下的距离为负值,使图上所示的这些长度之和成为正数,那么社会必定会爱好 E_a 而不喜欢 A_a,我们现在也知道了位于 OL 上而与 A_a 无差异的 D 点,落在 C 与 E_a 之间。重复上述在 C 与 E_a 之间找一点的过程,我们可以用逐次逼近法定出 D 来。当 GE 的长度之和为负数时,也可用类似方法加以研究,如果这种长度之和成为零,我们当然就无须再找下去了;E_a 必须就是位于 OL 上的无差异点 D。把通过原点的每一条具有向上斜度的 OL 线上的这些 D 点连接起来,我们就得到经过 A_a 的社会无差异曲线,而其他的社会无差异曲线也可用类似的方法画出。

第八节的附录

上述的几何分析足以指出有些直观的理想产量分析是不完备

① F_bG_b 与 F_cG_c 方向相反,所以前正后负;又前者付出,后者收进,所以提供的净量是相减的。——译者

② 说明同上。——译者

的。我们在事实上不得不根据一种假定来论证，这种假定一开始就似乎与文字的论述并没有特别的关系。两个商品分析法所使用的假定前提是在沿着转换曲线向下向右的移动中，与该转换曲线相交的一些社会无差异曲线在交点上的斜度（比之转换曲线的斜度）有相对的增大。[①]

研究外部经济问题这个例子，可以看出这个假定在文字叙述中的脱漏。这里有明显的理由说，理想产量对生产者并不会最有利。但是，如果我们想进一步表明对厂商最有利的产量小于该工业的理想产量，那么我们就要求分析：当该厂商降低产量以及其他工业为保持社会边际成本的相等和价格的相等，也随即调整其产量时（也就是说，只此一个工业有外部经济），其成本和收益会发生什么变化；这就牵涉到价值和生产理论上种种复杂的问题。我们从以下代数分析中也许可以领悟到使我们的结论正确所要求的假定。

在这里我们找到了，当 x_i 是商品 i 的数量，P_i 是它的单位价格时，类似于转换曲线的转换函数是

$$T(x_1,\cdots,x_n)=0 \tag{1}$$

类似于社会无差异图的社会福利函数（社会无差异函数）是

$$I(x_1,\cdots,x_n)=I \tag{2}$$

社会福利函数对它用单调变换所得的其他任何函数说来是任意性的，也就是说，任何其他函数，只要它的价值随同社会偏好而增加，就同 I 一样的正确。

① 参看第四图，原文论述中考虑了斜度的正负。——译者

设 T_j 代 $\frac{\partial T}{\partial x_j}$，使得 $-\frac{\partial x_j}{\partial x_k}=\frac{T_k}{T_j}$①表示 j 与 k 的真实边际成本间的比率。

又设 $\frac{\partial I}{\partial x_k}=I_k$，使得 $\frac{\partial x_k}{\partial x_j}=-\frac{I_j}{I_k}$②表示社会持有的 k 增加一个单位时，为保持无差异状态所必须失去的 j 数量。因此，由于早已知道的理由，需求的均衡状态要求

$$\frac{I_j}{I_n}=\frac{P_j}{P_n} \tag{3}$$

也就是说，j 的价格与 n 的价格间的比率必须等于 j 换 n 的社会边际替代率。

一个产量组合

$$\bar{x}_1,\cdots,\bar{x}_n$$

当它的

$$T(\bar{x}_1,\cdots,\bar{x}_n)=0$$

而且有

$$\frac{T_j}{T_n}=\frac{I_j}{I_n}③(j=1,2,\cdots,n-1) \tag{4}$$

时，就确定是理想产量，后者显然是在转换函数(1)所确定的限制下，使社会福利 I 取得最大值的必要条件。

在我们有了处于完全竞争条件下，又没有外部经济或外部不

---

① T_j 和 T_k 是 j 和 k 的真实边际成本，j 和 k 变动的方向相反，所以

$$\frac{T_k}{T_i}=\frac{\partial T}{\partial x_k}/\frac{\partial T}{\partial x_j}=-\frac{\partial x_j}{\partial x_k}。——译者$$

② 证法同上注。——译者

③ n 与 j 的真实边际成本间的比率等于 j 换 n 的社会边际替代率。——译者

经济的供给均衡，我们根据价格等于边际成本法则就得到

$$\frac{T_j}{T_n}=\frac{P_j}{P_n} \tag{5}$$

以上(5)式连同(3)式就得出(4)式，所以该产量必须是理想的。

当 i 的生产具有外部经济，而其他货物不具有外部经济时，我们必须有：

$$\frac{T_i}{T_n}<\frac{P_i}{P_n}\ (n\neq i) \tag{6}$$

也就是说，i 的价格按比例讲必须大于 i 的边际社会成本，这是由于边际私人成本超过边际社会成本。(4)式对于所有不等于 i 的 j（和 n）继续适用。同理，i 的生产具有外部不经济，而其他货物不具有外部不经济时，就要求

$$\frac{T_i}{T_n}>\frac{P_i}{P_n}\ (n\neq i) \tag{7}$$

如果通常的结论还适用，也就是说，规模上存在外部经济则产量小于理想产量，存在外部不经济则产量大于理想产量的话，那么我们显然要求当 i 的产量落到理想产量以下时，$\frac{T_i}{T_n}$就对$\frac{P_i}{P_n}$相对地减小〔所以只有产量落到理想产量以下，(6)式才能满足〕，而当 i 的产量升到理想产量以上时，就会出现相反的情况。因此，令 Δx_i 表示 i 的理想产量 $\bar{x}_i$ 的增量，设$\{\Delta x_i\}$表示由 Δx_i 所确定的、各种货物产量 $x_1{}'$，$x_2{}'$，…，$\bar{x}_i+\Delta x_i$，…，$x_n{}'$的矢量，则转换函数 $T=0$，且有 $n-2$ 个条件①：

① 上式(4)表示有 n 个理想产量时，要 $T=0$ 且有 $n-1$ 个条件，这里 i 的理想产量 $\bar{x}_i$ 有增量 Δx_j，式中的 j 不能等于 i，所以只有 $n-2$ 个条件了。由于 Δx_i 可正可负，所以对$\{\Delta x_i\}$取矢量。——译者

$$\frac{T_j(\{\Delta x_i\})}{T_n(\{\Delta x_i\})}=\frac{I_j(\{\Delta x_i\})}{I_n(\{\Delta x_i\})},(j\neq n) \tag{8}$$

得到以上条件的前提是除 i 以外的(完全竞争性)工业中在规模上既不具有外部经济,也不具有外部不经济。于是依据条件(3)并由上述可知,为了使有关外部经济和外部不经济问题的通常结论可以适用,就要有一个必要的条件[①]:

$$\frac{\dfrac{I_i(\{\Delta x_i\})}{I_n(\{\Delta x_i\})}-\dfrac{T_i(\{\Delta x_i\})}{T_n(\{\Delta x_i\})}}{\Delta x_i}<0 \tag{9}$$

条件(9)说明:为了让任何商品 i 的产量的增长超过理想产量,而使转换函数所确定的所有其他产量随同调整;为了要求生产这些商品的工业付得出社会成本并能竞争地经营业务,i 换 n 的边际替代率的增长应小于 n 与 i 的边际成本间比率的增长[②]。要注意这无须要求 n 的产量减少,即使增加也无须按比例地小于 i

① 由于 i 的生产有外部经济或外部不经济,所以(8)式不适用,(9)式左方的分子也不等于零。又依据条件(3)和(5)式已知在生产上不具有外部经济或外部不经济时,

$$\frac{I_j}{I_n}=\frac{P_j}{P_n}=\frac{T_j}{T_n},$$

若 i 的生产有外部经济,Δx_i 为负数,依据(6)式可知

$$\frac{T_i}{T_n}<\frac{P_i}{P_n}=\frac{I_i}{I_n},$$

所以(9)式的左方分子是正数,已知分母为负数,因此(9)式成立。若 i 的生产有外部不经济,Δx_i,为正数,依据(7)式可知

$$\frac{T_i}{T_n}>\frac{P_i}{P_n}=\frac{I_i}{I_n},$$

所以(9)式左方的分子是负数,已知分母是正数,因此(9)式也成立。——译者

② 原文称"n 换 i 的边际替代率","i 与 n 的边际成本间比率",这是把(3)式以及推导它的定义弄反了,已加改正。——译者

的增加。[①] 为了得到通常的结果，有了条件(9)显然也就够了。

当 k 为垄断者所生产而其他货物都有完全竞争的条件时，则该垄断者（以 n 为硬币来表示）的收益就是 $R=x_kP_k$[②]。如果取商品 n 为货币，而非硬币，以致社会成员愿用 n 来储藏价值（如果取 n 为某种集合商品用来在某种意义上代表真实购买力，那么这种讲法也不失其普遍性），那我们就可以说，该垄断者生产 k 的增量 dx_k 的总成本，至少有 $\frac{T_k}{T_n}dx_k$ 那么大[③]，也就是说，至少有 n 的数量 $\bar{x}_n$ 那么大，这 $\bar{x}_n$[④] 可以用生产 dx_k 所需要的资源来生产。这是因为原来用这些资源生产另外货物的价值，至少必须等于 $\bar{x}_n$，

① 可以用简单的例子表明，条件(9)并非只能从什么两阶最大值条件 * 导出。为了使(9)正确，这些条件显然不必要（也是不充分的），所以外部经济既非从这种两阶条件导出，也不暗示有这种两阶条件。

* 所谓两阶最大值条件是指，为了在理想产量时使社会福利达到最大值，要求对(9)式左方差分式再差分一次，仍然小于零，这就要求 n 的产量减少或者增加，也要按比例地小于 i 的增加。例如 Δx_i 为负数而成为外部经济时，就要求 n 的增产按比例地小于 i 的增产，使(9)式左方再差分一次后的分子仍为正数，以保证(9)式左方再差分小于零。因为事实上 n 的产量减少或者增加，也无须按比例地小于 i 的增加，所以条件(9)并非从两阶最大值条件推导出来的。这是由于(9)式左方不论 Δx_i 为正数或负数，它都是负数，只在理想产量时〔依据(4)式〕它才成为零，而使社会福利达到最大值，所以两阶最大值条件就不必要了。又由于 n 的产量减少或者增加也可以按比例地小于 i 的增加，但也无须非此不可，所以两阶最大值条件也是不充分的。——译者

② x_k 是 k 的产量，P_k 是 k 的价格。——译者

③ $\frac{T_k}{T_n}$是 n 与 k 的真实边际成本间的比率，它等于 $-\frac{\partial x_n}{\partial x_k}$，也就是生产 dx_k 时要用的货币，即 dx_k 的边际成本。由于总成本是平均成本与产量的乘积，而平均成本一般大于边际成本，至少也等于边际成本，所以 dx_k 的总成本$\geqslant\frac{T_k}{T_n}dx_k$。——译者

④ $\bar{x}_n$ 是 n 的理想产量，由于原文指明 n 处于完全竞争的条件下，所以 n 的数量可以用 $\bar{x}_n$ 来表示。——译者

否则按机会成本来考虑，那样使用这些资源就会不利。因此该垄断者生产 k 的总的净利润 Q 的变化率（取 $P_n=1$）如下[①]：

$$\frac{dQ}{dx_k}\leqslant\frac{dP_kx_k}{dx_k}-\frac{T_k}{T_n}=\frac{x_kdP_k}{dx_k}+P_k-\frac{T_k}{T_n}$$
$$=\frac{x_kdP_k}{dx_k}+\frac{I_k}{I_n}-\frac{T_k}{T_n}。$$

如果我们现在假设 k 用货币商品 n 所表示的价格并不随 k 的供给而增加（这是完全新的前提），那么就有 $\frac{dP_k}{dx_k}\leqslant 0$。因而

$$\frac{dQ}{dx_k}\leqslant\frac{I_k}{I_n}-\frac{T_k}{T_n}（=0\text{ 是理想产量}）。$$[②]

因此超过理想产量稍稍增加一点产量，一定不会对垄断者产生额外的利润。因为 k 的产量 x_k 只要多少有些增加，依据(9)就

① $\frac{dQ}{dx_k}$ 是生产 dx_k 的边际净利润，$\frac{dP_kx_k}{dx_k}$ 是生产 dx_k 的边际收益，$\frac{T_k}{T_n}$ 是生产 dx_k 的边际成本，所以原文公式成立。

又据原文(3)式 $\frac{P_k}{P_n}=\frac{I_k}{I_n}$，因取 n 为货币，故价格 $P_n=1$，所以原式中 $P_k=\frac{I_k}{I_n}$ 得到进一步演化。

原文公式：

$$\frac{dQ}{dx_k}\leqslant\frac{dP_kx_k}{dx_k}-\frac{T_k}{T_n}=\frac{dP_k}{dx_k}+P_k-\frac{T_k}{T_n}$$
$$=\frac{dP_k}{dx_k}+\frac{I_k}{I_n}-\frac{T_k}{T_n}$$

在微分运算上有些脱漏，已补正。——译者

② 由上式已知

$\frac{dQ}{dx_k}\leqslant\frac{x_kdP_k}{dx_k}+\frac{I_k}{I_n}-\frac{T_k}{T_n}$，由于 $\frac{dP_k}{dx_k}\leqslant 0$，$x_k$ 是正数，所以 $\frac{x_kdP_k}{dx_k}\leqslant 0$，$\frac{dQ}{dx_k}\leqslant\frac{I_k}{I_n}-\frac{T_k}{T_n}$。又据(4)式，在理想产量时，$\frac{I_k}{I_n}-\frac{T_k}{T_n}=0$。——译者

发生[①]

$$\frac{I_k(\{\Delta x_k\})}{I_n(\{\Delta x_k\})}-\frac{T_k(\{\Delta x_k\})}{T_n(\{\Delta x_k\})}<0\text{，所以我们有}$$

$$\frac{dQ}{dx_k}<0。$$

因此在产品的需求以货币表示的价格具有向下的斜度时[②]，就绝不值得垄断者去从事超过理想产量的生产。但可以注意到，在一般均衡分析通常的假定下，也似乎不是不能设想需求曲线具有向上的斜度：例如，如果 k 是一种次货，当它的产量增加到超过理想产量，使得实际所得显著下降时[③]，就可以想象 k 的需求价格会是上升的。

第九节的附录

设 x_i 表示社会持有第 i 个商品的数量，则所持有任何一组的货物可由 $X=(x_1,\cdots,x_m)$ 来确定。如果确定了这样的任一组 $A=(a_1,\cdots,a_m)$，那我们的目的是要找到所有其他的各组 $D=(d_1,\cdots,d_m)$，使得社会认为 A 与 D 之间是无差异的。为了做到这一点，我们就须寻求这些商品不同数量的组(即一族的线)[④]，使得：

---

① (9)式左方总是负数，所以当 x_k 有某些增加，Δx_i 为正数时，(9)式左方的分子必须是负数。——译者

② 这符合原文假设 k 的价格不随供给而增加的要求。——译者

③ 在这种情况下，k 的供给曲线斜度一定向下，使得人们想象 k 的需求曲线斜度将会向上，否则这两条曲线不会相交，也就达不到均衡了。——译者

④ 这族内含有很多的商品组，每一组内又包括很多按照一定比例数量组合的商品，同一组内各商品按照一定比例集合时，在绝对数量上可以不同，把同一组内各商品不同数量的组合点连接起来就是一条线。——译者

(a)在每一条这样的线上有一点且只有一点 D 具有所要求的特性；

(b)每一个可能的商品组合包含在这族内的一个且只此一个组内(在正值的正交坐标上的每一点位于一条且只此一条这样的线上)；

(c)有方法按照要求的精确度在每一条线上定出 D 点，于是我们就可以在这族内足够多的这些线上相应地找到这些 D 点，画出 D 的轨迹，这当然就是通过 A 点的社会无差异超曲面了[①]。

我们(依据本文所给的基本定义可以认为正确地)假设：

命题一：在任意两组商品 $C=(c_1,c_2,\cdots,c_m)$ 与 $B=(b_1,b_2,\cdots,b_m)$ 之间，如果 $c_1\leqslant b_t,i=1,\cdots,m$ 和有些 j 是 $c_j<b_j$，那么社会就爱好 B 而不喜欢 C。

我们要指出这一族商品数量的组将会显示出具有所要求的特性，它就是通过原点的一族线，它的正值的正交坐标为以下的 $m-1$ 个方程所确定[②]：

$$k_ix_m=x_i,k_i>0,i=1,\cdots,m-1 \tag{1}$$

我们显然就有

命题二：在正值的正交坐标的每个点上都通过一条且只此一条这样的线 L。

① 这种无差异图是按很多商品的数量描画的，即把各个商品的数量作为正值的正交坐标。由于商品的数目很多，所以就在高度空间形成了一种超曲面。如果只有三个商品，就可以在普通的正坐标上画出来。——译者

② 这些方程都以 x_m，为基础，如果 $k_i=1$，则 $x_i=x_m$，即所有不同的 i 的数量同 m 的数量有同样的变化；如果 $k_i=2$，则 $x_i=2x_m$，即所有不同的 i 的数量较 m 的数量有成倍的变化，等等。——译者

命题三：在任何一条这样的线 L 上，不可以有两个代表社会无差异的点；因为假设 C 和 B 是这样的两个点，如果 $c_m=b_m$，那么依据(1)式这些点就是等同的[①]。另一方面，如果它们不相等，比方说 $b_m>c_m$，那么(由于 $k_i>0$)对所有的 i 都是 $b_i>c_i$，所以依据命题一，社会就爱好 B 而不爱好 C[②]。

现在来研究一条线 L，它为(1)式所确定但不通过已定点 A。于是在这条线上必然有一个处在 $1\leqslant u\leqslant m$ 的 u，使得[③]

$$k_u a_m \neq a_u\text{，也就是 } 1\neq \frac{k_u a_m}{a_u} \tag{2}$$

根据 $a_i=x_i$ 这 m 个条件所决定的该直线上的 m 个点可以由下式来确定[④]：

$$P_i=(\frac{k_1}{k_i}a_i,\frac{k_2}{k_i}a_i,\cdots,\frac{k_{m-1}}{k_i}a_i,\frac{a_i}{k_i}) \tag{3}$$

我现在要指出在这些 P_i 之中有一个且只有这一个点 c，对所

---

① 如果 $c_m=b_m$，那么依据(1)式就有 $k_ic_m=k_ib_m$，又因为 $c_i=k_ic_m$，$b_i=k_ib_m$，所以 $c_i=b_i$。——译者

② 与上一注同理，因 $b_m>c_m$，$k_ib_m>k_ic_m$，所以 $b_i>c_i$。——译者

③ 如果该直线 L 通过 A 点 $(a_1,\cdots,a_m)$，那么任何处在 $1\leqslant u\leqslant m$ 的 u，依据(1)式必然有 $kua_m=au$ 的关系。现在该直线不通过 A，所以就有原文所讲的情况。——译者

④ 该直线 L 上 m 个点原式的转化可证明如下：

$$\begin{aligned}&P_i(x_1,\cdots,x_m)\\&=P_i(k_1x_m,k_2x_m,\cdots,k_{m-1}x_m,x_m) && \text{据(1)式}\\&=P_i(\frac{k_1}{k_i}x_i,\frac{k_2}{k_i}x_i,\cdots,\frac{k_{m-1}}{k_i}x_i,\frac{x_i}{k_i}) && \text{据(1)式}\\&=P_i(\frac{k_1}{k_i}a_i,\frac{k_2}{k_i}a_i,\cdots,\frac{k_{m-1}}{k_i}a_i,\frac{a_i}{k_i}) && \text{依条件}\end{aligned}$$

——译者

有的 i 都具有

$$c_i \leqslant a_i \tag{4}$$

的特性。所以依据(2)式和命题一,从社会观点来看,C 显然次于 A 的处境。(参看第八图 a)

证明:令 v 是那些 u 的数值,使得它在(2)式的$\dfrac{kua_m}{a_u}$中假设为最大值。

(i)如果$\dfrac{k_v a_m}{a_v}<1$,则(3)式中 P_i 的点 $P_m=(k_1 a_m,\cdots,k_{m-1}a_m,a_m)$显然满足(4)式。①

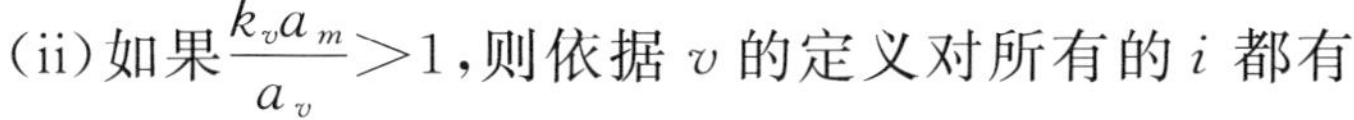

(ii)如果$\dfrac{k_v a_m}{a_v}>1$,则依据 v 的定义对所有的 i 都有

$$\frac{k_v a_m}{a_v} \geqslant \frac{k_i a_m}{a_i} \tag{5}$$

所以(3)式中的

$$P_v=(\frac{k_1}{k_v}a_v\cdots,\frac{a_v}{k_v})$$

① 因 v 是 u 的最大值,而 $1\leqslant u\leqslant m$,所以 $a_i=a_m$,[依(1)式推出 $k_m x_m=x_m$]$k_m=1$,因此(3)式中

$$Pi(\frac{k_1}{k_i}a_i,\frac{k_2}{k_i}a_i,\cdots,\frac{k_{m-1}}{k_i}a_i,\frac{a_i}{k_i})\text{的点}$$

$$P_m(\frac{k_1}{k_m}a_m,\frac{k_2}{k_m}a_m,\cdots,\frac{k_{m-1}}{k_m}a_m,\frac{a_m}{k_m})$$

$$=P_m(k_1 a_m,k_2 a_m,\cdots,k_{m-1}a_m,a_m)\text{。}$$

因已设$\dfrac{k_v a_m}{a_v}<1$,所以 $k_v a_m<a_v$,即 P_m 中的 $k_v a_m$ 小于 A 点中的 a_v,因此符合(4)式。——译者

满足(4)式,这是由于从(5)式可以得到对所有的 i 都是[①]

$$\frac{k_i}{k_v}a_v \leqslant a_i,$$

因此在直线 L 组(3)上就有一点 C 次于 A 的处境。[②]

同理,我们可以表明有一个满足(3)的唯一的点 B,显然优于 A 的处境。因此,如果假设有了连续性,那么我们就有:

命题四:在 L 上的 C 与 B 之间有一个唯一的点 D,使得社会认为在 A 与 D 之间是无差异的。

我们论述的程序只剩一个步骤了,那就是在 L 上把 D 画下来。为此,我们首先在依(1)式确定的线 L 上在 B 与 C 之间任取一点 E,再试图找出社会究竟是爱好 E 胜于 A,还是爱好 A 胜于 E,或者认为两者之间是无差异的。

① 因据(1)式 $k_i a_m = ai$,故 $\frac{k_i a_m}{a_i}=1$,已设 $\frac{k_v a_m}{a_v}>1$,所以 $\frac{k_v a_m}{a_v}>\frac{k_i a_m}{a_i}$;又因 v 为 u 的最大值时,由上注已知 $\frac{k_m a_m}{a_m}=1$。即 $\frac{k_v a_m}{a_v}=1$,所以 $\frac{k_v a_m}{a_v}=\frac{k_i a_m}{a_i}$。

将(5)式简化可得到 $\frac{k_i}{k_v}a_v \leqslant a_i$,也就是说,由(3)式得出点 P_v 中 $\frac{k_i}{k_v}a_v \leqslant$(点 A 中的)ai,所以符合(4)式。——译者

② 这讲法是唯一的,它容易表示如下:设 P_v 和 P_m 都满足(3)和(4)式,依据(4)式可得 $\frac{k_w}{k_v}a_v \leqslant a_w$ *,如果 $\frac{k_w}{k_v}a_v < a_w$,则 $\frac{k_v}{k_w}a_w > a_v$ 就与 P_w 满足(4)的说法相矛盾。另一方面,如果 $\frac{k_v}{k_w}a_w = a_v$,则 $\frac{a_v}{k_v}=\frac{a_w}{k_w}$,即 $P_w = P_v$。

* 依(3)式知 P_v 和 P_w 中的相当项都是 $\frac{a_v}{k_v}$ 和 $\frac{a_w}{k_w}$ 的等倍数,它们彼此间如不是相等,就是一小一大。设 $w>v$,$k_w>a_v$,则 $a_w>a_v$,如果 a_v 满足(4)式,则 a_w 便不能满足(4)式。——译者

令 x_{ij} 是个人 i 所有第 j 个商品的数量。于是依据上述的第一项假定，对于每一点 $x=(x_1,\cdots,x_m)$ 就有下列 $(n-1)(m)$ 个函数：①

$$x_{ij}=f_{ij}(x_1,\cdots,x_m) \qquad i=1,\cdots,n-1;\quad j=1,\cdots,m \tag{6}$$

和下列条件：

$$\sum x_{ij}=x_j, \qquad j=1,\cdots,m \tag{7}$$

得以把这 m 个商品按照唯一的方式分配给这 n 个社会成员。因此(6)和(7)式就在点 A 和点 E 上，分别确定了每个人 i 持有每个商品 j② 的数量 a_{ij} 和 e_{ij}。现在为了使个人 i 在 E 与 A 之间认为无差异，如果已知他在 E 上给出了商品 j 的数量 c_{ij} 后所必须给出或收进的第 m 个商品的数量 c_{im}，那么第 i 个个人的无差异图可以看作是函数 $c_{im}=\phi i(c_{i1},\cdots,c_{im-1},e_{i1},\cdots,e_{im},a_{i1},\cdots,a_{im})$。

我们依据上文(第 47—48 页)所讲的理由，希望符合条件③：

$$\sum c_{ij}=0, \qquad j\neq m \tag{8}$$

使 $\sum\limits_i c_{im}$ 达到最大值，这就要求对所有的个人 l 和不等于 m 的商品 k 都有：

---

① 社会成员共有 n 个人，如果 $n-1$ 个人所持有的数量已确定，那就决定了第 n 个人的持有量，所以关于个人只须 $n-1$ 个函数就够了。关于商品则仍须 m 个函数。——译者

② 原文关于 i 和 j 的代号有倒错，已改正。——译者

③ c_{im} 是个人 i 补偿提供商品 m 的数量，依第九节所述，要使 i 提供 c_{im} 达到最大值，必须做到其他商品净提供 $c_{ij}=0(j\neq m)$。当然，对于所有社会成员的 $\sum\limits_i c_{im}$ 和 $\sum\limits_i c_{ij}$ 来讲，也是一样适用的。——译者

$$\frac{\partial(\sum_i \phi_i - \sum_i \sum_{j \neq m} \lambda_j c_{ij})}{\partial c_{lk}} = 0, \qquad k=1,\cdots,m-1; l=1,\cdots,n;$$

或者要求有：

$$\frac{\partial \phi_i}{\partial c_{lk}} = \lambda_k \tag{9}$$

此时 λ_k 是一个拉格朗日乘数[①]。条件(9)要求所有个人 l 以 k 换 m 的边际替代率相等[②]。我们无须为了保证(8)和(9)式确定真正的唯一的最大值去研求它的二阶条件，但我们得注意，如果设想所有个人的无差异图都有递降的边际替代率，那么(9)式的二阶偏微

① 为了便于说明，先举一个简例加以解释。设有三个变数 x,y,z，两个函数，$f(x,y,z)$ 和 $g(x,y,z)$，要求在 $g(x,y,z)=0$ 的条件下得出 $f(x,y,z)$ 的最大值(或最小值)。简便实用的求法是求解包括 x,y,z,λ 四个数的四个方程：

$$g(x,y,z)=0$$

$$\frac{\partial f}{\partial x} - \lambda \frac{\partial g}{\partial x} = 0$$

$$\frac{\partial f}{\partial y} - \lambda \frac{\partial g}{\partial y} = 0$$

$$\frac{\partial f}{\partial z} - \lambda \frac{\partial g}{\partial z} = 0$$

上式中 $\lambda = \frac{\partial f}{\partial g}$ 为一个乘数，因为这方法为拉格朗日所创，所以就叫做拉格朗日乘数。(证明方法可参考一般高等微积分)

原文所讲的变数是 n 个人持有的 m 个商品，两个函数是 $\sum_i c_{im}$ 和 $\sum_i c_{ij}$，要求在 $\sum_i c_{ij}=0(j \neq m)$ 的条件下得出 $\sum_i c_{im}$ 的最大值，所以比照上述的简例就可以求解了。——译者

② 依据(9)式可知

$$\frac{\partial \phi_1}{\partial c_{1k}} = \frac{\partial \phi_2}{\partial c_{2k}} = \cdots = \frac{\partial \phi_n}{\partial c_{nk}} = \lambda_k,$$

$$\text{即} \ \frac{\partial c_{1m}}{\partial c_{1k}} = \frac{\partial c_{2m}}{\partial c_{2k}} = \cdots = \frac{\partial c_{nm}}{\partial c_{nk}} = \lambda_k,$$

也就是说，各人以 k 换 m 的边际替代率都相等。——译者

分就都是正数,那一点就一定不会是最小值了①。于是(8)和(9)式就为求解 nm 个补偿提供 c_{ij} 确定了 nm 个条件,依据基本定义我们得到②:

$$如果\sum_i c_{im}>0,则社会爱好 E 胜于 A,$$

$$如果\sum_i c_{im}<0,则社会爱好 A 胜于 E,$$

否则,在 A 与 E 之间,社会就认为是无差异的了。

因此,我们依据命题四采用逐次逼近法,按照所希望的精确度,可以在 L 上找到 D 点,然后轮换另一条,就可以画出通过 A 点的社会无差异超曲面③,这样的画法就完整了。

① 由于 k 换 m 都有递降的边际替代率 λ_k,所以随着 k 的换出,λ_k 亦同时减小,因此二阶偏微分的确是正数。但我们知道在 λ_k 减少等于零时,只有当二阶偏微分是负数,才能使换得的 m 成为最大值,原文的论断有待研究。如果设想边际替代率都是递增的,则二阶偏微分是负数,论断就可能对了。——译者

② 据原文第九节所述,在其他商品净提供为零的条件下,任何一项商品补偿提供的最大值超过,等于或低于零时,社会必然会好些,无差异或差些。——译者

③ 这画法是把每一条 L 上的点 D 找到,再将这些点 D 连接起来。——译者

第四章　理想产量(续)

评价与建议

一

在上一章中我们讨论了一些可以说是资源配置的缺点。现在我想先试图评价一下这些缺点的严重性，然后再扼要地重叙一下倡议过的某些补救办法。

这些可能的不幸主要是由于某些工业部门有了过多的产量，因而其他工业部门必然就有不得已的产量不足；把太多的努力和原料用于口琴的生产，因而在饮食的产量上就用得太少了。在特殊的情况下如把资源配置错了，就很可能产生严重的后果；一个社会的粮食产量如仅仅勉强够吃，过分地集中于奢侈品的生产，就可能产生最大的不幸。一般说来，当一个国家(例如遭受兵灾的国家)的生产能力很低时，慎重地配置资源就成为一项首要的大事。

从刚才提到的那种情况来看，适当的资源配置未必同我们所谓的理想产量一致。这是一项带有根本重要性的说明。因此，在生产效率低而财富分配又极端不均匀时，理想产量很可能使奢侈品具有高度的生产水平，以致形成广泛的营养不良；这是因为理想产量只不过是使生产体系适应于消费者需求的标准，而消费者的需求则又决定于个别消费者的愿望,由他所能支配的购买力衡量。

当然,在这样的极端场合,资源配置的自动调节几乎被认为是不需要的,从而也就取消不用了,至少在紧急措施时是这样。因此,通常只有当货物丰富到使得一个消费者对需求的满足不致形成其他任何人的极端困难时,对理想产量的偏离才能认为具有重要的意义。但是这样一来,资源的配置就可能认为是一件很不重要的事,至少在理想配置与配置稍有偏离之间作一选择时是这样。首先由于个人的愿望往往是模糊不清的,因此一般说来不会有唯一的理想产量,而只可能是为了实际的目的,有一种范围相当大而同样喜欢的产量组合。再者,即使实际产量并未落在这个范围内,某种商品产量的一定变化对于消费者来说,在丰富的经济中要比在贫乏的经济中一般说来还会次要些。当多数商品有很多替代品时,任何一项商品的产量如有稀少,可能不致产生很大的困难。因此只有理想产量的极度偏离,才可能有实际上的重要意义。①

如考虑到资源尚未充分使用,一项商品的产量过多也许不至于对其他任何商品产量产生什么影响,因而假设就业在一定的水平下,资源并非总是作最适当的使用,则上述的那种结论就更加可信了。这话的意思并非完全否认偏离理想产量的重要性。无论什么资源被无效率地使用,(无需重复说)绝不是人们企望的好事,但是当有了未利用的资源时,认识到这些资源可以缓和由于那些已在使用的资源分配不当而产生的匮乏,那倒是重要的了。

以上这些论述的结果是:根据上一章所考虑到的那种情况,它

① 参看多布:《政治经济学与资本主义》,第313—314页。

本身并不能对普遍放弃自由市场及其所产生的价格制度，提供一种强有力的论据。也许通过对改变这种市场制度的探讨，有可能使这个结论变得令人信服。这是由于消费者们的正确偏好模式实在难以确定，而理想产量的偏离，通常也是极不容易辨认的，更不必说如何去计算偏离的方向及大小了。因此，用任何中央计划机构或其他组织代替自动的市场机构来作为资源配置的决策者，以消除理想产量的偏离，其效果不见得会比市场调节更好些。要是对消费者的需求估计错了，那就不仅会抵消这种计划的好影响，还会产生不良的后果。

自然，因财富分配不当而使市场机构的“负担”过重，这当然是要反对的。但除非到了人们认为：假如财富分配过于固定，则市场机构将因缺乏刺激而濒于崩溃的地步[①]，一般不应当主张取消市场机构，而只能主张重新分配财富。

再者，当偏离理想产量的差距十分明显时，用我们即将考虑的办法，毫不困难地修改价格制度，以消除或减轻不利的影响，并仍保留自动机构的大部分优点，这是办得到的。

二

上一章所谈到的另一种失调情况，并不一定和各种商品产量的相对数量有关，而只是关系到生产单位能力过剩所形成的生产效率。

① 参看庇古：《社会主义对资本主义》，第二章，第三章。

现在很清楚,用许多设备生产同一的或者几乎是同一的产品时,能力过剩就必定有浪费;要是把厂商合并或改用少数较大的生产单位来继续生产同样的产量,就可以节约资源。但是当产品有显著的不同时,问题就较为棘手了。[①] 做不到标准化的确会浪费资源,但标准化大有可能使消费者的满足补偿不了他的损失。毫无疑问,有时候产品差别显然不能给消费者以较大范围的选择,但是单从形式上来分析,并不能肯定一切滥用资源的现象普遍地是产品差别造成的。

当所谈的产品差别完全是虚有其名的时候,例如出售名称不同的同一产品,而在其商标上或说明书上却说这些产品之间有某种基本的不同,就会产生一种对社会无益的产品差别。在这种场合,实行标准化如果有什么损失,那只是损失了消费者们错认为他们还有某种范围可供选择的那种满足,而这里如果有什么资源的浪费,那大概是可以忽略不计的。重要的社会损失可能产生在包装及广告上,但商品本身却可以由单一厂家来生产,并可能经过这样的调整而得到规模上经济的一切利益。

此外,当产品的差别确是真实的,但仍然想使标准化给社会产生净利得时,那就要有我们即将考虑的补救办法,不需废弃市场制度。

① 除非通过合并不生产标准化产品的无效率小厂而得到规模上的经济。

三

资源分配不当的一般问题好像是，只要我们很好地知道分配不当的方向及大小，就能够采用奖励与赋税制度来加以改善。例如，当断定某种商品的产量过多时，可以用对每一单位产量课以一种足够高的赋税的办法来限制其生产。这样的赋税不会在竞争性的工业中形成不经济的小厂家。它不会改变成本曲线的形状，但会依照课税的数量使曲线的位置向上移动。因此包括赋税在内的最低平均成本的产量，也就是不包括赋税在内的最低平均成本的产量。因为这就是一个工业中每个厂商在竞争性的均衡状态中的产量，所以说租税一般不会使那些近乎竞争条件的厂商产生脱离“能力”的产量，同时在课税后仍然觉得它们是在有利可图的条件下进行生产。

除非工业中厂商的产品有倒反形[1]的需求曲线，或者除非边际厂商刚开始生产时获利很大，从而使小额课税不致造成损害，不然就会有某种减产的趋势。一般说来，单位产量课税越重，其所引起的减产势必越多，即使在寡头垄断下有倒反形需求曲线的场合，课税太重也会招致某种程度的减产。

---

① 参看斯威济：《寡头垄断条件下的需求》，载《政治经济学杂志》，1939 年；郝尔和希奇：《价格理论与商业行为》，载《牛津经济论文》，1939 年；关于批评性的论文，参看史蒂格勒：《倒反形寡头垄断需求曲线与刚性价格》*，载《政治经济学杂志》，1947 年。

* 倒反形的需求曲线是需求量随同价格而上升，在寡头垄断销售的情况下，售价的增高刺激购买也是这样。——译者

可以注意有一个理论上的奇迹;假使确定了使用资源的水平,就可以单靠赋税制度或奖励制度来达到理想产量,因为以课税来减少任何一种货物的产量,就会把生产要素移作他用,因而其他货物的产量必定增加。

再者,也可以用一种使税收总额恰好等于政府付奖总额的赋税和奖励制度来达到理想产量,达到理想产量时的(正值或负值的)净赋税收益可以置于由纯赋税制度所达到的理想产量的收入总额与由纯奖励制度所失的总额之间的任何一点上。这就是某种赋税与奖励制度所能得到的净收益。为了增加一些净收益而又不使之偏离理想产量,我们可以稍稍减少一些奖励所刺激的产量,而同时对其余的工业部门增加赋税来补偿上述刺激产量的减少。

回到问题的中心,我们看出用某种赋税与奖励制度,是能够校正明显的理想产量的偏离的。因此,只要我们能够认识到生产资源(偏离了理想产量)的配置不当,就该用这种办法来消除它,也就是说,在可以消除此偏离的场合,没有必要放弃对市场机构的运用[①]。而且,在没有其他办法可用来估计理想产量的真正大小的时候,上述这种制度还可能使当局连续不断地接受市场判断以逼近最合理的理想产量。

① 关于不同的意见,参看朗格和泰勒:《关于社会主义的经济理论》。朗格(在第104页上)写道:“正像庇古教授曾指出的,可以用适当的立法来消除许多……浪费,在目前经济制度的结构中是采用赋税与奖励的办法,但在社会主义的经济中可以彻底地大干”。然而迪金森在《社会主义的经济学》,第50—51、108—109页上却建议社会主义采用赋税与奖励来达到这个目的!

四

当产品差别造成了生产能力过剩时，我们能够很容易地区分出以下的两种情况。一种是虚假的产品差别，改进了对消费者的报道就可以解决问题。另一种较重要的情况是产品确实有某种程度上的差别，但仍然相信标准化或并厂会有利于社会时，建立一种赋税与奖励制度就足以产生合意的结果。这里可能做到的一种办法是对每家厂商征课大量的总额税，再对它生产的单位产量给以随着厂商产量增加而尽可能递增的奖励。这种奖励当然会导使厂商增加产量。另一方面，这种总额税不会使那些觉得继续生产仍然有利可得的厂商减少产量，但如果这种总额税太重，就会把某些厂商从这种工业领域完全赶出去。最后，征课足够多的总额税可以使厂商的数目减少到认为合意的程度。再者，对所谈的这种货物，虽然这样地减少了厂商的数目，但还可以用充分的奖励使它的总产量达到任何需要的水平。①

五

垄断和垄断因素的存在，当然还有别的原因，可能就是造成偏离理想产量的主要原因之一，所以近来颇注意于设计一些特别方

---

①　为了详细讨论这种赋税与奖励制度，请参看本书第 21 页脚注①所引卡恩先生关于理想产量论文的最后部分。

案来消除这些影响。勒纳教授的“反投机方案”[①]就是最近的这种方案之一。

这方案的大意是要由政府规定厂商售卖产品所收进的单位报酬以及购买生产要素必须付出的单位价格。这些价格应该是适合于竞争均衡的价格(或者说,政府相信它是适合于竞争均衡的)。在这种情况下,厂商就不会有任何刺激去作垄断销售或垄断购买的限制性活动,因为有了这种限制就既不能抬高产品所收进的卖价,也不能削减进货的成本。由于厂商的平均收入(价格)在这种情况下是固定的,于是每一产品的边际收入与平均收入都同它的(竞争性)价格相一致。因此厂商的均衡状态就要求达到一种使边际成本等于价格(边际成本等于边际收入)的产量水平。如果在其他每一经济生产部门,价格都等于边际成本(而边际私人成本又到处等于边际社会成本),那么我们就会得到同社会边际成本完全相称的价格,从而理想产量所必要的条件就得以实现了(参看上面的第三章第二节)。

勒纳教授实际上是运用个别厂商与政府间订合同的办法来实施他的方案,而购买与销售事实上还是在公开市场上按照市场价格进行的。假使产品的市场价格超过,或者生产要素的市场价格低于政府所公告的适当竞争价格的估计,厂商就须把增殖的利得付给政府。相反,当市场价格同所公告的标准价格相比,有使厂商蒙受亏损的差额时,政府就须补偿厂商的损失。当然,当政府的估

---

① 这方案最初似乎曾在《统制经济学》(第 55 页,第 179—180 页,等等)上提出过,但勒纳教授又在《充分就业的计划及代价》(第 174—176 页)中作了深入和明确的发挥。

计正确时，就会产生竞争性产量的趋势，使市场价格等于竞争价格，而这个方案就会使政府既无盈利也不亏损。

由厂商实际上按照市场价格买卖，而只保持(或付出)竞争价格，这种办法的好处是：政府本身无须买卖任何货物。所有产品都在人们什么都能买到的市场上来处理。再者，因为这里让市场价格的变动完全自由，只是由该方案通过对供求的影响来间接影响市场价格，就不会发生像政府想要规定市场价格，而不去调节货物供求时还需要进行配给那样的问题。于是该方案得到了“反投机”的名称；政府既不购进也不出售①，只是对竞争价格作一种毫无把握的推测，如果它在某一方面推测错了，就须付款于人，如果在另一方面推测错了，就可收款于人。因此政府所承担的，无非是估计市场需求的风险罢了。

应该注意到，勒纳教授并没有建议这些合同是自愿订立的。它的含义似乎是，如果“(垄断者)拒绝参加该方案，就等于承认他们是为了利润而要坚持垄断性的限制”，那么政府针对这种拒绝，就可以合法地采用强制手段了。

这一方案在实施上似乎有种种困难。首先，除了工业很少，而对理想产量的偏离看来特别明显之外，这样的方案有其执行上的困难。② 一个政府的承办机构要想对很大量的、在销售上含有某

① 勒纳的确也提到了政府进行买卖的可能性，但只按规定价格买进，再在公开市场上卖出，反之亦然，所以它仅作为一个买卖的中间人，并不影响该措施的性质。

② 当然这并不要求它能超过课税与奖励方案所能做到的事，它不过是说，在政府比市场机构更懂得怎样去逼近理想产量的时候，有了这种知识一般地就足以做到用课税与奖励方案所能做到的改进。

些垄断因素的产品及其产品细目决定其竞争价格，在执行上所遭到的困难，不亚于政府把这些工业国有化时所面临的困难，这是因为我们并没有标准去认识和估计垄断性限制的大小。这就是说，究竟该选定哪些厂商作为该方案实施的对象，没有一个明确的标准。再者，正如勒纳本人所指出，实施该方案后，厂商仍然可能认为把产量限制在竞争水平以下较为有利，但这并不是作为调整市场价格的手段，而是最后要使执行当局相信它对厂商产品的竞争价格估计得太低了(或者说它对厂商生产要素的竞争价格估计得太高了)。

勒纳还指出了厂商在递减成本条件下经营时所发生的困难。[①] 在这里，平均成本超过边际成本，所以价格等于边际成本必使厂家亏损。这是一个关于边际成本的争论的问题，已经在别的地方很详细地讨论过了。[②] 解决的方案是可以对厂商付给一笔总额贴补。但还有另外的困难：由于政府保证了厂商产品的固定价格，就促使具备递减成本条件的厂商乐于超出理想产量水平来扩大它的产量。[③]这样一来，正如勒纳教授所指出，该方案就完全失败了。

当供给非常不富于弹性时，反投机也有一些短期的困难。由

① 《统制经济学》，第 179—180 页。

② 可参考乔斯：《边际成本的争论》，载《经济》杂志，1946 年，并参看关于乔斯先生论文的讨论，载《经济》杂志，1947 年。

③ 这里的理想产量当然与竞争产量不同。递减成本可能会引导厂商扩充到使竞争完全破坏。另一方面，如果递减成本完全是由于外部经济，那就可能有竞争均衡，不过要在价格等于平均成本，从而超过边际成本的产量上，也就是说，在大于理想产量的产量上，才有竞争均衡。

于在该方案下经营的厂商对生产要素的需求决定于所公布的“竞争”价格，并不决定于市场价格，因此一种高度专门化的、只可以为某些厂商所使用的要素，有了过多的供给就可能使它的市场价格降到零点，而对这种生产要素过多的需求。又可能使它的市场价格无限制地上升。这种困难大体上可用迅速调整所公布的价格来克服。

最后还有一种从理论上反对该方案的论调说，除非我们讨论理想产量的假定符合事实，不然它的论证就未必可靠。这一点可以适用于这一章和上一章的许多讨论，在第六章中还要详细阐述。

我们可以下结论说，反投机似乎是一种非常灵巧的、富于理论雅趣的方案。但人们仍然会怀疑，真要把它付诸实施也许会出现种种并非微不足道的困难。

六

在这里，对两个也是为了要消除对理想产量的垄断性偏离而设计的巧妙方案，进行一番探讨，或许是很有意思的，但这两种方案出于明显的理由所建议的无非是经济分析中的一种有趣的演习罢了。

E. A. G. 罗宾逊先生完成了第一个方案。由于在别的地方已经详细讨论过了[①]，这里我只是顺便地提一笔。该方案规定给予垄断者以足够大的奖励，诱使他生产竞争性产量，或者更一般地

① 琼·罗宾逊：《不完全竞争经济学》，第 163—165 页。

讲,生产理想产量(如果这后者是已知的话)。很容易指出,方案所要求的单位产量的奖励,正是在理想产量时垄断者的边际成本与平均成本之间的差额。在这里还是符合于已讨论过的课税与奖励方案的。但该方案还建议对垄断者征课一种正好等于垄断利润的总额税。这样一来,垄断者经营的工业就会趋向于生产理想产量,但又得不到任何垄断利润。

第二个方案[①]尤其别致,它在执行上并不要求政府机构知道关于成本或需求的情况。在顺利执行该方案所必需的条件得到满足之后,方案一旦实施,它就会自动地运行下去。

这方案的要点是,要求垄断厂商组织成为公司的形式,按照固定价格,对投资者提供他们所愿买的股票数额,随意购买。于是厂商的利润必须严格按照股票持有额的比例分配给投资者。[②]因此,只要该厂商的所得超过了竞争性利润,就会使得投资者从别处收回货币资本改投在这些股票上。该厂商因此面临着一种资本的流入,而这种资本事实上只是作为营业成本来使用,也就是说,不管这种资本使用与否,都必须付息。如果由此得到的这些资金用于扩大产量,那么一旦达到了竞争产量,利润就会跌落到竞争水平,资金流入也会停止。

在稍微仔细地分析该方案之前,先要指出两个细节上的修正。第一,为了诱导对该厂商的投资,并防止出现不承担风险的情况,

① 那是在罗宾斯教授所主持的讨论课上由哈耶克教授首先提倡的一个分析奇例,事后又由该班的几个成员,包括我在内,加以发展。

② 这暗示对施行该方案时原已存在的厂商,并不需要对原先的所有者提供任何补偿。

股票绝不能随便哪天都可买到，而应该是定期发售，比方说每年只有一天。这样投资者就会把分得的红利看作是购买股票后在规定的期间承担风险的一种报偿。

第二，为了诱使公司经理部门尽量有效地经营厂务，它的报酬必须随着出售股票的数额而增加。概略地说，厂务经营得越得法，一定产量水平所得的总利润就越大，所以投资者愿买的股票数也会越多。

我们用第九图表示一个在该方案下经营的厂商所面临的处境，y 轴衡量价格，x 轴代表以向该厂商投资的货币资本来衡量的（年度）产量。[①] 设平均收入曲线和边际收入曲线分别用 $R(AR)$ 和月 (MR) 表示，又设平均总成本和边际总成本（包括借入货币资本的成本以及付出的租金），分别用 $C(ATC)$ 和 $C(MTC)$ 表示。它的原始产量会是边际总成本等于边际收益时的 OM。

再者，竞争产量会是平均总成本等于价格时的 OK。

现在设偿付货币供给者的借入货币资本的成本用 BB' 表示。这是由于我们要是假定资本市场完全，它就会是一条水平线，同时代表平均成本和边际成本。[②]

但依据哈耶克教授的方案，只要产量小于竞争产量，就会有反常的利润，就会迫使厂商增加（用于营业成本的）资本。再者，如果

---

① 为了看出以货币资本投资衡量产量时的边际成本的意义，可举例假设把10,000元的投资作为投资额增加的一个单位，并使年度产量增加三个单位，因而使年成本增加 30 元。这样一来，以投资 10,000 元表示的产量，其年度边际成本就会是 30 元。

② 由于衡量产量不用实物单位，而用投资于生产的货币资本，根据定义显然可见，按单位产量所使用的货币资本并不会随产量大小而改变，因为借入货币有了固定的成本，我们就会有一种按单位产量固定的借入成本，所以 BB' 就会成为所指的水平线。

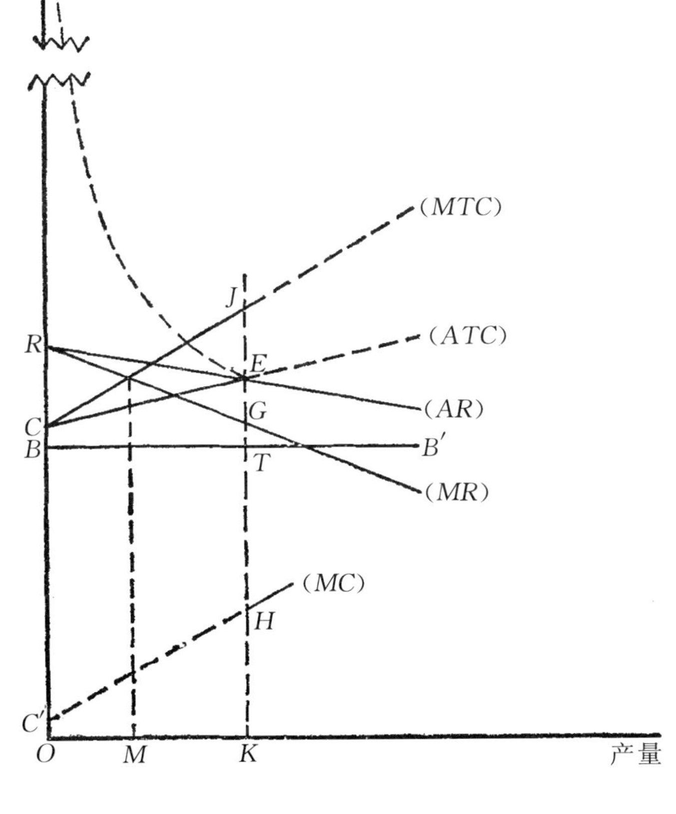

第九图

用这资本来扩充该厂商的产量,那么一旦达到了竞争产量,资本流入就会停止,因为此时超额利润已没有了。这就意味着 y 轴右边的那部分借入的边际成本曲线事实上会变为 $OKTB'$。[①] 如果我

① 因为达到竞争产量时,没有超额利润,资本流入停止,所以事实上就不付借入的边际成本了。——译者

们再画一条不包括资本成本(借入成本)在内的边际成本曲线 C' (MC)[从总的边际成本 C(MTC)中减去借入成本 BB' 而得],我们就可以看出,该厂商的边际成本曲线,现在不是原来的 C (MTC),而会变成 $C'HJ$ (MTC)了[①]。因此该厂商生产竞争产量 OK,在事实上会是最有利的,因为这产量实际上会使边际成本等于边际收益(G 点)。也可以注意到,当 FP 是单位产量,并以 FC 代表借入生产 OK 产量所必需资本要付出的成本的时候,其平均成本曲线就变为 NE(ATC)。除去竞争产量 OK 以外的所有产量水平的平均成本曲线全部位于平均收益曲线以上,所以只有 OK 是唯一无亏损的产量。因此会迫使该厂商去生产竞争性的产量,同时也只能赚到竞争性的利润。

我们现在可以列出顺利执行该方案的必要的和充分的条件:

1.资本市场须是完全的。

2.厂商不把货币资本用于财务之外。

3.借入货币的成本(OB)至少须同竞争产量下边际成本(包括借入成本)与边际收益之间的差额(GJ)一般大。

4.边际社会净产品与边际私人净产品之间必须无差距,但垄断的限制性产量所产生的结果除外。

5.最后,厂商的成本必须是竞争成本(这可使在垄断限制性产量的基本问题上,不增添垄断进货偏离理想产量的问题)。

条件(1)为该方案的有效执行所必需,因为资本市场如果不完全,投资者就不可能按照竞争价格得到大量的货币资本投放于赚

---

① 原文误作 $C'HF$(MTC),已更正。以后的 F 都已改为 J。——译者

利多于竞争报酬的厂商。完全市场的要求当然可以是采取流动投资的形式,把获利不多于竞争报酬的资金收回,投放于我们的垄断厂商。[1]

条件(2)为该方案执行成功所必需,因为该厂商如果有可能把货币投资于厂外,那么出售股票所获得的资金仍然还是一种机会成本式的竞争报酬(OB),因此借入成本虽还是 BB' 未变,但该方案却失败了。

条件(3)显然是必需的,由于借入成本如果小于 GJ,则该厂商的新边际成本曲线 $C'HJ$ (MTC)就会在竞争产量 OK 时位于边际收入曲线以上,所以生产小于竞争产量会是更为有利的。

产量 OK 如果是理想产量,而不正好是竞争产量,则条件(4)和(5)显然就有关系了。

我们现在可以看出,上述条件也是得到理想产量的充足条件。条件(3)保证了该方案施行以后,H 点不会位在 G 点以上,这是由于从理想产量的边际总成本 KJ 减去边际借入成本 OB,我们得到的 KH[依条件(3)]并不会大于 KG。条件(2)由于借入成本变为营业成本,保证了 HK 会是该厂商的新边际成本。因此,由于我们认为,原来在竞争产量时边际总成本 KJ 就已超过边际收入(以至于值得把产量限制到低于竞争水平),新的边际成本曲线的垂直线段 HJ,就在 K 之上与边际收入曲线 R(MR)相交,因此就会去生产竞争性的产量 OK 了。条件(4)和(5)会保证这竞争产量就是

① 如果竞争性报酬的支付方案得不到这种流动的竞争性投资或其他的大量资金,那么该方案就只会让我们相信,这家厂商并未得到高于别处所得到的垄断报酬。

理想产量。

我们最后可以指出，条件(4)暗示了该厂商依方案所得到的资金的使用方式，不可以是对已有利而对社会无用或有害。因此，条件(4)如果没有满足，则该厂商就可能为了自利把这资金使用到某种对社会无用的广告上，这样一来，要是达到了均衡状态(也就是迫使该厂商的利润低到竞争水平时)，那就是某些社会资源的使用不当。这当然也就诱使厂商经理部门千方百计利用这种对社会无用的投资机会，以吸引更多的货币投资，因为按照这一方案，经理人的报酬是与这种投资的大小成比例的。[①]

① 很可能有这样一种反对该方案的意见，其根据是认为大公司在任何情况下总是趋向于过分的扩张，这是因为该公司经理部门常常喜欢把利得控制在厂内，而不愿意作为红利付出。当这种扩张产生了生产过剩的时候，当然整个方案就变得不合用了。

第五章 积极追求利润[①]

一

在这一章及下一章中，对于刚才概述过的理想产量的讨论，我将要提出一些修正，因为假如我们考虑到经济中高度关联的特点，我相信这是很必要的。

我认为在上面的分析中有一个重大的缺点，就是没有充分说明垄断性企业家或带有明显垄断因素的企业家的作用。我们如果要用文字来刻画上面讨论中所暗示的企业家，就一定把他说成是一个大受环境逼迫，对他的产品和资源听命于他基本上无法控制的买卖条件的拨弄的可怜虫。他的任务只是相对有限地决定生产什么样的货物，这一点一旦做到，就去决定怎样才可能是最有利的生产水平。然后他再注视市场情况（或者委托代理人去注视）、工业技术状况的变化，如看到改变产量最有利时，他就作出适当的调整。只要市场情况相对地稳定不变，他除了单纯的监督工作，实在是很少有事可做，或者甚至是无事可做。

① 这一章所讲的题材有些接近于沃克博士在《超市场活动》中所考虑的材料。我们可以注意到沃克博士在许多理论文献上不适当地使用心理假设的观点同这里的正常研究毫无牵连。参看沃克：《从经济理论到经济政策》，特别是第六章。

以上所讲的这些，显然和一般人心目中的垄断者形象——无须接受市场条件，但能够相当成功地改变这些条件的实力人物的形象——大相径庭。事实上，有些工业巨头势力之大，确实是令人难以置信。

如果说企业家有些时候是这样的大权在握，我想这情形在很大的范围内无疑是确凿的，那么刚才对企业家的作用所作的那番描述就难以认为是恰当的了。企业家活动的范围和程度，必然远远不止于决定产量的水平。我现在并无意强调这种一直被人明确肯定了的对比。经济学家写作福利理论时，照例总是要加上几段文字来描写企业家的一些另外的职能，不过大多数的严格分析，除了销售成本理论的显著例外，往往暗中忽略了这种可能性。我想这里似乎有可能发现应该把某些最为难的“实际”问题归入福利经济学的领域内。同时，这里似乎也有可能发现在大部分依靠自动力量去分配资源的经济中所形成的显著偏离理想产量的情况，可望依靠“中央计划”来缓和。

二

任何正当企业的基本活动，当然就是经营某些货物或劳务的生产和销售。企业家获取利润的基本过程，包括必需生产要素的买进，在过程中还可能包括空间和时间（如库存）方面的周转，以及最后完成品的出售。在这种过程中的每一步，都有根据情况作相应调整以增加利润的余地。因此较有能力的实业家，常常沿着某种不同的路道，至少有一部分是沿着不同的路道去进行活动。我们从开始购进资源谈起，来考察一些经营技术。

企业家购买生产要素，基本上只能以降低进货价格来增加利润。由于价格决定于生产这些要素的成本以及买卖双方对市场情况的估计，因此企业家必须由此下手活动。进货的生产成本，一般不受企业家的直接影响。但他如果有理由相信他的供应品达不到应有的效率，那就有各种办法可供他采用。首先他可以通过技术情报去指导生产者怎样才可以改进生产程序或提高产品质量。因此大厂商印好改进包装的情报发给零星的供应者，并不是闻所未闻的，甚至可以设想，一个大厂商进行有关生产要素制造效率的研究是值得的。但客观情况将是这样：这种研究虽然可能得到改进制造方法的好处，但当供应品工业所获得的利润率太低时，就会使大厂商纵有优越的技术，也不值得把它的任何一部分资本转移到这方面来。

另一方面，可能值得企业家进行一种纵式的并厂，也就是参加制造它本身所需的生产要素。这种现象是众所周知的，我不知道是否还有进一步叙述或举例的必要。当然经常还会有一些因别的理由而进行的纵式并厂，其中有一些我们正要加以考虑。

企业家除了可以对其所需要素的生产成本施加这种影响之外，还可以用改变要素出售者对市场情况的看法来影响这些要素的价格。他可以影响市场本身的情况，或者影响出售者关于市场的情报来达到他的目的。这后一种办法，除非出售者的处境相当孤立，否则也许并不能很广泛地采用。在出售者孤立的场合，购买者可能使他相信在别处只能以很低的价格出售，所以他就没有旁的选择，只能以廉价出售了。更重要一些的做法是，有些厂商配备了专职人员，他们的任务就是专门为了购买特殊廉价货而去寻找消息不灵通的出售者，不过在实用上也有其限度。但是随着交通的日益发达，这种做法也日益困难，在产品标准化的场合，那就大大地不可能了。只不过在古董、珍本书籍、兽类的购买等等方面，还有其有限的用场罢了。

在这一点上，我们也可以提到，有很多厂商竭力避免泄露自身的财务状况，使那些向他们出售进货的人不能改进其讨价的地位。在劳资联盟的关系上这就尤其重要了，有些厂商甚至张贴广告以博得普遍同情，协助保守这种机密。

企业家除了企图影响出售者关于市场情况的情报外，他还可能设法改变市场本身的情况。在这个命题下设计了各式各样的减少竞争的方案。这种企图扩大或者只是保持垄断购买的安排，可能要消耗很大的精力和资财。其中有一部分是属于管理费用，但这一般说来还只是次要的项目。组织和保持垄断销售或垄断购买的最大费用常常应归咎于这些安排的固有不稳定性。当垄断销售或垄断购买的安排中包括有很大数目成立了共谋协定的厂家，或者当新厂商进入这行业所花费的技术性成本并不太高时，这种不稳定性可能尤其严重。在这些场合，由于害怕新的竞争者或原有的厂商破坏已有的安排，（这些骗子们）有时候还须准备组织的力量来应付。

因此，管理垄断的当局可以试图设计并推行一种自动性质的反欺骗方案，如同对厂商的产品形成一种倒反形的需求曲线那样。①

① 参阅上文第70页的脚注①。（译者注：有了倒反形的需求曲线可以提高购价，刺激产量。）

发明一些技巧用以战胜这些方案在法律上的障碍，甚至还发动直接的人身威胁，这些手段屡见不鲜。[①] 在上一世纪许多大工业巨头的事业中，似乎普遍有过这样的暴行劣迹，所幸现在不大流行了。但是企图保持或达成一种共谋协定的合法操纵似乎仍很严重。现在还有打算战胜反托拉斯法案的问题，基点摊费制度和维持转销价格的种种方案可能就是部分地为了这种目的而发明的。

与维持共谋协定的稳定直接有关的问题，是把法律作为强制工具来保障垄断。因此，一家资财相当大的厂商，假如他愿意的话，即使其辩护的理由多么可疑，还是能够对较小的对手起诉，控告对方违反了专利法，他可以把希望寄托于在交付诉讼费的财力方面压倒对方。连续地使用这种折磨办法可能使小厂商屈服就范，或者把他们从该行业中整个赶出去。一个貌似堂皇的王国似乎就是凭借着这些手段在美国建立起来了，而且继续使用这种手段一直到三十年代。[②]

一旦缔结了垄断购买的协定，就可能采取积极措施来压低生产要素的价格。这不一定只限于这些要素的购买，还可能想办法恐吓这些要素的售卖者。因此当与劳动者谈判的时候，就可能用解雇或黑名单来威胁或对付。当这些要素的售卖者本人就是厂商的时候，类似支持共谋协定的稳定时用过的策略就可能被采用。

除了上述这些企图降低成本的方法之外，还可以设法直接诉诸立法干涉。厂商或行业常常可以花费很大的资金，来从事收买

① 参阅大卫·林奇：《经济权的集中》，第207—210页的实例。

② 同上书，第229—231、273—279页。

议员的活动。其中有一部分可能是消极的活动，譬如阻止立法增加劳动报酬，反对立法强立禁烟法案，反对立法对该工业所需的进口原料采用保护关税等。

厂商对降低其资源成本所能采用的办法已概述如上。另外，他们也可以设法通过提高生产过程的技术效率来增加它的利润。这里包括进行研究工作的投资以及不断致力于跟上别处的技术改良并肩前进等。不少的厂商在这些方面有很大的投资，化学工业、电力工业和航空工业就是引人注目的例子。投资于研究工作可能有别的目的，譬如发展新品种，使同一厂商的别种产品增加销路，对一些产品取得专利和垄断权，还可以阻止生产那些潜在的低利替代品。

企业家一般用来增加利润的另一种办法就是提高售价。为降低资源成本所用的某些手段和办法在这里仍然大有用处。因此谋求立法援助的手段就可以不是为了减低成本，而是为了提高售价。在关税法和“公平贸易法”内一般就包括了这种活动。共谋的安排在这里当然也是最有用的。有关的情报也可能不告诉购买者，但卖给大厂商或政府的货物不在此列，这里所保留的情报并不是一般的市场状况，而是产品本身的加工情况。

最后，在出售价格问题上，我们还看到销售成本的一种十分稀奇的表现。广告当然大部分是用来改变消费者的偏好，但也包含着很大的报复和自卫的成分。因此在一个有限市场上竞争的两个厂商，因为一个在做广告，另一个就不得不做。广告也能用来阻止潜在的竞争者，因为这可能使新参加者在销售成本上不得不首先承担过重的开支。

总之，当一个企业家对他所处的买卖条件，并不是很少有发言权或根本没有发言权的时候，他的活动就可能大大地超过单纯的生产监督。他寻求利润就是一个包含着各种同产品的制造没有直接联系的活动的复杂过程，很多厂家用于非制造活动的资源和努力，可能在总开支中要占到相当大的比例。

三

只要企业家支配了厂商的决策，同时又是所获利润的收受者，以上所讲的一切就全然适用。但是随着工业上公司组织的成长，日益增多的大企业部门已不能满足这种条件了。大公司或联合股份公司的经理权差不多是由股份很少或者没有股份的人掌握的。

经理权与所有权分离的后果可能是厂商不经常根据所有者的直接利益来经营厂务了。在某些场合，已形成了由厂商经理来判断舆论的趋势：

“近几十年来，有一种极其有意义而又没有受人注意的发展趋势：大企业想使自己社会化。有些大公司，特别是大的铁路公司或公用事业公司，还有一些大银行或大保险公司，在发展过程中已经达到了这样一个地步，资本所有人，即股东，已经差不多与公司管理完全脱离关系，结果股东个人的直接利益——谋求厚利已逐渐退居次要地位。当机构发展到了这一阶段，管理方面所格外关心的是整个组织的稳定和信用，而不是股东的最高利润。在股东方面，将不得不以能获得常规的适度股息为满足；在管理方面，办到了这一点以后，它所直接注意的往往是，怎样可以避免来自社会方面或来自它的主顾方面的批评。当组织达到了足够巨大的规模，或已居于半垄断地位，特别容易引起社会的注意，容易受到社会的责难时，更会有这样的倾向。关于这一倾向，可举英格兰银行作为一个极端的例子，这个银行，在名义上仍然属于私人不受限制的财产”。[①]

但是大厂商的经理在这里也有其谋求私利的机会。只要他所经营的企业可以保住足够高的利润水平，能使股票持有人信任他而不准备改组，他就可以把他的精力用来谋取个人的私利。这里有种种特有的牟利机会。首先，因为经理人熟悉本企业的营业情况，他就会比别人更了解该企业未来可能的收益。因此他就能够在这个基础上利用本厂的证券，成功地从事某些有利可图的交易。上世纪的史册上甚至还记载了若干这种发财的事例：对一厂商取得了暂时的管理权后，就出卖大量的短期证券，即售卖者手头并无现货，以后才交割的证券，然后故意地破坏它的实物财产，使它的证券价格下跌。[②] 预知厂商未来的获利机会也有助于猎取这种“投机”利润。再者，一个居于经理地位的人，即使他本人并不能利用他的情报而得到直接的好处，也可以与别人分享他的消息而取得报酬。这种行为并不是十分罕见的。

大公司的经理人还可以任人唯亲，大搞裙带关系，并把特殊的好处给予他特别关心的其他厂商。在国民经济临时委员会听取的证词中，披露了许多这类的事例。从人寿保险公司的业务活动来

① 凯恩斯：《劝说集》，第 314—315 页。

② 参阅梅益：《美国大富翁史》，第三篇，有关德鲁、古尔德、费思克、范德比尔特等人的事业那一节的实例。

看，这种情况尤其突出。[①] 在最有声誉和最殷实的厂商中，不乏这种事例：无论存款的银行，或接受委托处理法律问题的法律事务所以及替做广告的代理人，都是同董事们个人有关系的。偶尔也有一些董事是只拿干薪，对业务似乎什么也不管。

最后，如果像下一章所讲的，私人投资风险大于社会投资风险，使未来自由市场经济（有风险）的投资趋于越来越少，那么，所有权与经理权分离就可能使事情搞得更糟。因为在这种场合，薪金相当固定的经理人就只会关心于避免风险，这是由于无把握的事业成功，对他并无报酬，而失败了却有免职的可能。这当然也就是（上面所讲的）他要避免同大家的意见产生抵触的原因。

四

我相信，如果要为自由市场经济会显著偏离理想的主张找到有力根据，那么从这一章所表述的材料中就很可能找到这样的根据。首先，许多错用资源的后果就可能比前两章所谈的情况要严重得多。把资源用于上述的很多活动上，从社会观点来看就全属浪费，而不只是稍有偏差。把人力、物力和时间用于设立卡特尔，组织控股公司[②]，逃避法律制裁等，从经济整体观点看来不仅毫无意义，而且还能造成直接的破坏。不准发明和某些专利项目用于

① 《国民经济临时委员会证词录》，第四篇，第 1412—1478 页，又前引林奇著作，第 288—290 页。

② 控股公司就是购进他公司股份而加以控制的公司，这种公司盛行于美国。——译者

制造，这种做法对社会是否有利，起码也是值得怀疑的，例如，为了制止"不公平竞争"，竟把牛乳消毒设备也炸掉[①]；据说伊里铁路自古尔德接办后就一直没有修好过。使用资源方面的这种清楚而明显地反社会和无益于社会的情况，比一种商品略较别种商品生产过多的情况也许更值得担心。再者，上面讨论过的许多实例，并不是孤立而畸形的事情，而是老练商业技术的一种标准的和主要的组成部分，这一点可由《大富翁史》得到印证，书中一再提到，把大量投资用于竞争性广告、广泛收买国会议员、把精力和资源大量消耗于包括劳资斗争的各种实业斗争，等等。

此外，在这种场合错用资源的性质非常明显，政府机构对此极易察觉，因而在集中决定分配资源的经济中也许可以避免这种资源的错用。

立法手段也未必一定能轻易地改变市场经济上的这种浪费。反托拉斯法的历史倒像是要指出，这种立法的一个主要结果是使为了逃避立法而动用的人力和资源反而增加了。一般说来，想用折中的办法来完全消除上述这种浪费现象，就要求立法机构严格限制私人企业的活动，使其很少有甚或根本没有决定策略的余地。

但必须注意到，并非这一章所讲的一切活动统统都是浪费。为了增加生产效率而进行的工业研究的确不是浪费；我们通常所指的广告也不都是浪费。但是许多商业活动如果按照这一章叙述的方式进行，显然会有相当大的人力和资源用于不符合全体经济福利的目的。

① 前引林奇的著作，第 209 页。

第六章　作为准则的竞争

一

长期以来，有些经济理论家倾向于把假想的完全竞争状态作为经济顺利活动的一种准则[①]。对于这种研究法，在形式上是不难论证的。其结果就等于（据上述第三章）证明：有了完全竞争，并且没有那种因规模上的经济或不经济而产生的边际私人成本与边际社会成本之间的差异，就不会不形成理想的产量。此外，（第三章第三节）还或明或暗地讲到如果经济活动真是到处都在完全竞争条件下进行，则私人成本与社会成本之间的差异就会成为不可能。因此，据说经济上可能有一种控制资源分配的原子制度，同人们想象的精确的集中管理制度有同样满意的结果。这只要求每个企业的负责人都照完全竞争的方式活动，也就是说，把他的产品按照等于边际成本的价格并随同价格的调整使其总供给恰恰等于要求的数量去出卖就可以了。

① 关于不同的看法，可参看熊彼特：《资本主义、社会主义和民主》，第八章；博尔丁：《保卫垄断》，载《经济学季刊》，1945 年。

根据第三章所用的前提而得出的这种形式上正确的看法，现在似乎是无可非议的。只要价格到处等于（社会）边际成本，我们就必定会得到符合定义的理想产量，因为任何两个商品边际成本之间的比率会等于其价格之间的比率，从而（第三章第一图中的）转换曲线也必然要与有关的社会无差异曲线相切[①]。但是我认为，这种见解虽在指定的限度内可以说是正确的，但归根到底只能说是虚妄的，或者至少是一种误解，其理由有一些已在本文各处有所揭示。

二

理想产量的整个概念，与消费者有主权的观点关系很密切。在消费人就是主权者的经济中，大概是依据他的偏好来决定各种货物和劳务的相对产量。由于经济中的每一个人都是消费者，同

① 但要注意，萨缪尔森在《经济分析基础》第231—232页上着重地指出了，这对于最大福利只是必要的而不是充分的条件。因此在右图上如果转换曲线 TT' 在部分范围内有规模上的经济（译者注：这时报酬递增），则 A 点就会满足我们的条件，但它是集体福利的最小点而不是最大点。如果从某一点起，递减报酬开始了（一般看来这似乎是可能的，参看克莱门斯主编的《经济分析文选》中转载的卫纳论成本曲线的序言），那就至少有 B、C 两点会满足真正最大值条件。因此在这样被控制的经济内，就有必要注意还有很多的点可以满足条件，并要认真注意所达到的那个正确的点。同时参阅有关这个问题的线性规划的讨论。

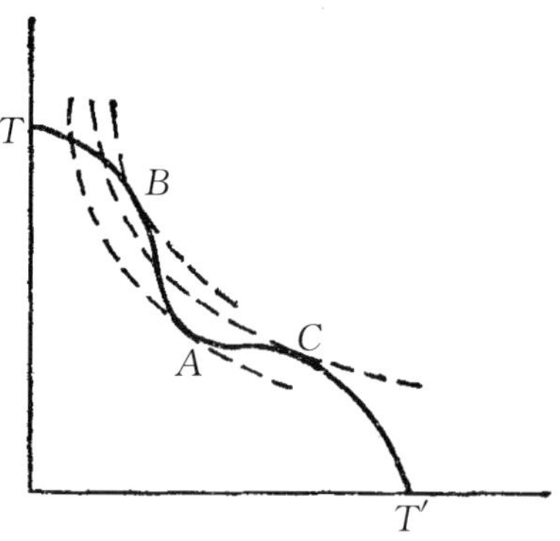

时由于任何一个经济过程对其成员福利的影响，大部分又是在消费（包括闲暇的消费）过程中实现的，可以正确地说：当消费者的需求完全支配了经济的时候，它就接近于有效地实现成员的愿望了。

我们可以看一看这样的情况。每个经济成员通过财富的分配，对社会的资源取得了一定比例的支配权。某人拥有的资源是不是最适当的比例，可暂时不问。这是一个现行的所得分配是否合意的问题，因为缺乏可依据的判别标准，直到现在尚未引起重视。这样一来，该消费者如果有理性，又有一定的偏好尺度，那么他在自由市场上所购商品的比例，就会使得他在其中任一商品上比方说多花一元钱，同把这元钱改用在别的商品上，将有一样的满足。但如价格是按照上面讲过的完全竞争体制来调整（所有的社会成本都等于价格），那么对任何商品多花一元钱，就会要求用相同数量的资源来生产它。因此个人就会安排他的消费，使得他所消费的任何商品增产量所使用的微小资源增量，同把这种资源增量改用在其他任何商品上，恰好对他产生同样的满足。换句话说，该消费者所支配的资源因此就会分配得最合乎他的偏好。

再者，如果任何消费者支配资源的效力，同任何别人对其本人资源的使用无关，如果每个人所得到的满足又只是决定于他所消费的货物和劳务，那么他就没有理由去注意别人是不是把他们的资源使用得最为满足。因此，如果每个人使用他的资源都对本人最为满足，其结果就是社会资源大概为这些或那些消费者所支配，从而就会使用得最符合于消费者整体的愿望。

另外假设任何一个人使用资源的效力，部分地决定于别人各自使用其资源的状况。价格等于边际(社会)成本的要求就暗示：对任何商品花了的一元钱，会支配生产该商品增量所必要的资源，同时还可能在过去所使用的资源上增补(正的或负的)一部分，使其正好为改变这一资源的效力所必需。因此，当任何人改变了资源的配置时，他就会在这一过程中取舍一定数量的资源，使其恰好(按照所要求的增减量)能补偿其他每一个社会成员，使其既不比以前差也不比以前好。因此说，这种环境就是要使他的决定只影响他本人，他竭尽全力追求自己的利益，也就是竭尽全力追求消费者的整体利益。

这就是承认竞争是判别整体利益标准的最简单理由。要批评它，就有必要考察那些限制性的假定是否适当，也有必要考虑除去哪一个假定后其结果似乎更为不现实。

三

我们首先可以指出，要求任何经济体制到处都能偿付边际社会成本，本来是有一些困难的。

生产上有外部经济的根本性问题，是强求某些资源恰好等于这种价格[①]，如果不是不可能，也是非常困难的。如果这类现象在经济上很严重，同时又显著地偏离了竞争价格，那么使用竞争标准作为经济活动的准则，要是没有更多的限制条件，就很靠不住了。这是因为，我们已经知道，只有在别的商品个个都是竞争价格时，

① 等于边际社会成本的价格。——译者

依据我们目前的论点，才能希望一个商品有竞争价格。有一种比较重要的偏离竞争价格的情况，似乎一直存在，这就是不容易强求在使用资源时有一定的充分经济地租，原因是很难阻止别人有使用它们的想法。譬如像空气这样的资源就是这种情况，它引起了很多有关尘烟污染问题的讨论。使用海面的情况也是这样，在渔业上也很难强求一定有充分的地租。依据理想产量分析，其结果必然出现一种捕捞过度造成渔产枯竭的趋势。在一片公有的油田上，当油田上并排的各块地面为不同的人所占有时，就会发生一种有趣的情况：一个所有者在这里多钻一口井，虽可能对他自己有利，但因油田损失了压力，却可能使整个石油实际产量减少。

公路的使用在某种程度上也是这样的问题，不经济地征收小额的使用费，就可能产生过分的拥挤。对使用公路征收通行税，虽然是一种较易办到的解决办法，但是必须承认这种补救可能比弊病还要糟。

当然这些困难（至少在理论上）都可以采取前面讨论过的奖励、课税办法加以改善。这样就可以在完全竞争的情况下，对冒烟的工业按照厂商产量的比例征课足够的税（但特别规定有消烟设备者得减免），对渔业也按捕鱼量课税，而不必去出卖空气和捕鱼权了。同样，征课汽油消费税，也可能有效地减轻道路拥挤，虽不可能把运输负担有效地分配到不同的道路上去，但采用其他办法也有类似的困难。

另有一种场合，当一家厂商使用资源的方式影响到别家使用资源的效力时，维持竞争价格可能得不到合意的结果。例如，在某个区域集中了工业，影响到那里受雇工人的健康和福利时，就会发生这种情况。人口的继续大量集中，可以促成社会和娱乐设施的改进，而有利于工人的劳动效率，但另一方面，在工人住宅附近集中了工业，就可能不利于他们的健康以及生产效率。在这样的场合，就很难根据厂商的扩充对别家影响的情况去定收付抵偿的代价了。在农业上更容易看到资源效力相互影响的突出例子：盆地农田的土壤条件，大大地取决于周围坡地的耕种方式。坡地上生长了植物，在大雨时节就能阻止山洪泛滥于盆地，这对盆地的农田显然很有利。坡地上的所有者或耕种者的活动对于别人资源的影响，如果能够取得或付给足够的补偿，那么在这里就不会再产生偏离理想产量的现象了。不过对盆地农田灌溉权利却难计算出它的理想(竞争?)价格。

四

我们现在要来谈谈使完全竞争的准则成为有效所必需的限制条件了。首先是暗中假设了每个消费者的偏好尺度已知，一般并不受其他经济成员的支配。诚然，为了使消费者主权的概念有意义，在某种范围内这个假定确有其必要。只有实际上遵循消费者这种唯一的愿望，才能把市场组织得最合乎需要①。

但是大家知道，消费者的偏好并不是不受外界影响而独立存在的。广告的存在无疑地就是表明，商人们相信他们能够影响消费者的愿望。消费者的偏好除了受这种纯宣传办法的影响外，也

① 参看弗雷泽：《消费者主权学说》，载《经济学杂志》，1939 年。

受到以价论质趋势所形成的某种支配[①]，使得消费者的嗜好在某种程度上可以受到价格变化过程的操纵。于是就难说有什么唯一的产量组合可被认为是理想的了。可以想象把一种产量由原非理想而变为理想，与其说改变了产量的本身，还不如说是适当地改变了消费者的嗜好。

其次是假定一个消费者消费某些货物所得到的满足，与别人消费的货物无关。如果情况不是这样[②]，则一个消费者，在消费的过程中，就可能无补偿地对别的消费者造成有益或有害的影响。因此他的消费安排，也就是对归他支配的资源的配置，可能使得消费者整体的愿望得不到所预计的最大效果的满足。事实上一个消费者消费一定量的货物所得到的满足，并非总是与别人的消费无关。这就引出了希克斯所称的“凡勃仑式的需求”。在消费者的需求中，无疑地渗入了这些成分：讲究穿戴赶（乃至倡导）时髦，模仿豪富或名流们与众不同的消费，精心挑选稀奇古怪的消费品以炫耀自己的社会地位。在那些经济境遇不佳、连满足最基本需要也深感困难的人身上，这些虚荣成分表现得轻些，而在那些较富裕的人身上，这种虚荣心却表现得特别严重。在妇女服饰的时装上尤其明显，几乎所有的社会都普遍有这种影响。

这种情况说明了消费某一种东西所得到的满足，在很大程度上是取决于别人对这类消费品是否有相似的满足。同样的外衣可

① 参看席托夫斯基：《以价论质习惯的后果》，载《经济研究评论》，1944—1945年。

② 参看杜森贝里：《收入、储蓄与消费者行为理论》，利伯斯坦：《邦王公、史诺卜、凡勃仑对消费者需求理论的影响》，载《经济学季刊》，1950年。

以非常合意或者完全无用，就要看它在某些（但非一切）方面，是否同某些社会成员所穿的外衣相似或不相似。这样一来，例如有一个时髦的首倡者，决定采用一种新式服装，则这种决定不仅影响她本人，还要加速地蔓延，影响到别人抛弃原有的衣裳。由于并不要求效颦者对她影响别人的决定付出补偿，因此她就会把这种改变比社会利益所要求的改变完成得更多更快。

产生这样有害的决定，也不是完全偶然的，大部分取决于几个居于决定性地位的个人如何改变他们的嗜好。它也可能是商业社会销售技术武器库中的一件重要武器。他们经常周期地改变设计用以增加衣着、汽车、无线电、照相机的需求，而社会的损失（在改变本身所得到的满足不能抵消损失的范围内）就未必是微不足道的了。

乞灵于“凡勃仑式”的论点，可能是一种错误。但是我们的消费愿望，即使没有金钱比赛的因素在内，也无疑地会被周围人们的消费所左右，至少有所影响。如果情形真是这样而且很严重（我们即将谈到这一点），则只有消费上没有外部经济可能是例外，而刚刚论到的困难就会是常例。

依靠价格来判断消费某些物品所得到的满足程度这种情况，也可能引起另一种在消费上的外部经济。因此宝石需求的增加可能提高其价格，从而使原来有宝石的人们因占有宝石也增加了他们的满足。购买者方面如忽视这一点，也许会对资源配置造成某些错误，虽则可以不必设想这会有什么严重的结果。

五

还有一种物品，至少在一定环境下，可以产生一些较严重的相互争执，这就是几个消费者对同一产品可能有集体需求，也就是一种特定的货物会同时满足几个消费者的欲望。

同一个区域的居民考虑电气化的投资问题，就是一个可举的例子。假使开办费相当大，并且轻率地让每个居民来负担（比方说）是平均分配的话，这就可能使人人处心积虑逃避出资，却指望别人慷慨解囊，而不至于像他那样小气，同时又忧心忡忡，唯恐别人也不肯出资而增加落在自己头上的负担，假如他想要用电的话。

最近发明的“人造雨”技术，就是一个完全能够说明问题的较流行的例证。据报道，从飞机上把凝固的二氧化碳撒到特殊的云层中去就能降雨。这种人造雨看来无法限定只落到某一个预定的小地区，所以在缺水的情况下，这样一种造雨的措施，几乎必然是供应许多农民的需要。

困难在于向每个农民征集足够的资金来支付所有的造雨成本。每个农民出了资，于人于己都有益处，但如果他只出很少的钱而得到的益处和出钱多时一样，其结果是，每个农民都想尽量少出钱，因而最后会有资金不够支付成本的危险。

这里值得重视的是，即使价格总是等于边际成本，社会所需求的产品也有可能得不到足够的投资。

在上面举的例子中，农民们最后有可能达到某种妥协——按照大家认为还可以过得去的某种随意出钱的办法来汇集他们的资金，而得到所需的雨水。这是因为他们的人数比较少，或许求雨的需要又急迫，似乎很可能得到这种结果。但是如果参加这种计划而得益的人们，成了一个社会的大多数，就连这样的一种安排恐怕也难最终办到。对于这样的计划，即使卖几分情面去办，也不容易使多数居民拿出还过得去的资金份额。的确，当计划项目是更长远的事业时，就不能老是依靠自发的和自愿的协议来筹集足够的资金以实现这项事业。

有这种集体需要或集体愿望而又影响大多数人福利的行业是不难发现的。[①] 普及教育之所以对每个人都有利，不但是因为他本人受了教育，而且因为对别的社会成员也有很大的潜在影响。

例如，无论什么人都受教育，生活水平就可以普遍提高，从而使许多人未来的境遇得到改善，但如果只有包括他本人在内的少数人受到教育，就有可能不产生这种效果。公园提供了另一个、也许是更明显的例子。对一些旨在增进公共卫生的福利设施的投资，也是一个例子，而在一个将大量人力投入扩军备战的世界上，这就尤其紧要了。的确，为了军事准备而做的任何工作，是一种集体的需求而不是个体的需求，所以也属于这里论述的范围，至少从单一国家的有限观点看是这样的。

还能举出很多别的例子[②]，但我特别注意另一个我认为紧要的——长期投资的问题。大量的长期投资会有不少的风险，因为投资本身可能投错，纵使投得成功，但因为投资人中途死亡，或因

① 参看温格尔：《个人欲望与集体欲望》，载《政治经济学杂志》，1948 年。

② 卫纳教授列出了（休谟、魏克塞尔讲过的）排水，市区除草，清扫贫民窟，发展避风区以及属于市有不动产之类的问题。

为无论什么理由失去了投资的收益权，投资的果实还可能落到旁人手中。然而发生了这种利益的转移后，即使投资的个人并未得利，但社会整体却会比未投资前的情况要好些。因此，个人投资要比社会整体的投资有更大的风险。

对这事也可以换一种眼光来看，比如说：个人作为一个公民，他能分享乡土的骄傲，因而可能愿意改善社会未来福利的一般状况。然而，如果只有他一个人这样做，它的效果很可能是不足称道的。诚然，他这样做也可能增进他自己财产的价值，但他的私人报酬必须扣除风险的因素，而在社会预期利得的计算上却无须打这种折扣。[1] 因此，不论是利己或利他（除非他有根据确信别人也都会为增进社会未来的福利而努力），都不会有理性地引导他为了未来，尤其是更长远的未来而把资金投到从社会整体来看是适当的程度。要是把改善社会整体的未来状况的事业也作为一种商品，那么它就必须为集体的需求服务，而不只是为几个孤家寡人的需求服务。

我想这一论点对反对竞争准则有决定性的意义。如果社会的功能之一，是随着时间的推移而逐步地改善社会生活，那么，就可以看出：一种根据分散基础来组织生产资源，并主要依靠不协调需求来管理资源的制度，是不足以为未来做好准备的。

值得一提的是，一种分散管理的经济，如果不是静止不动的话，就可能因为各部门之间缺乏相互的协调，它本身也会感到困

① 这并不否认国营事业会有私营工程所没有的特殊风险。在随选举而经常更换行政当局的国家中，其国营工程在未完工之前就有可能被新上台的对手停办，造成社会浪费。

难。诚然，价格制度的确提供了一种粗糙的协调，但终究是一种事后的协调。一个制造商可能因为他的货物在市场上跌价而断定生产过剩了，但依据其他经济方面发生的情况，他未必认为随即减产是适当的。这一点下文将详细叙述。[①]

六

这一章所考虑到的几个问题，切实地涉及了竞争准则的某些不完善之处，似乎迹近吹毛求疵。因为单就这些问题，就足以论证提倡使用竞争准则的立论不够稳妥，可是竞争体制虽然会有不完全的结果，但经过较小的修正，仍然很接近于我们所能合理期望的理想，因此，从一个角度看来，这些倡导使用竞争准则的论述并没有给不同意竞争体制的人提供令人信服的论据。我们遇到的那几个困难，在其可测定的范围内，只需如上所述，采用比较简易可行的课税方案，无须根本改变体制，即可得到缓和。在竞争世界上，因时髦的改变而破坏了资源，只可说是个别消费者一时好奇的结果，而不是慎重决策的结果。上面所考虑的某些其他可能性，似乎只不过是要求人人关心建立一种特别能诱导农民在坡地上耕种以利于防止山洪暴发的制度。

然而，因为消费者的需求相互发生影响，同时也因为存在着集体或社会欲望（而这种欲望又只能同时满足），因此很明显地有可能发生（即使价格等于边际成本）消费者的欲望并不能指导生产的

① 参阅下文第十三章，第三节。

严重情况。有鉴于每个消费者靠他自己无法获得他所合意的东西,所以对于这种情况不采取强制办法的原因,可解释为怕因此破坏消费者的主权,因此在有社会欲望的场合,如果每个社会成员感到所要举办的事业的价值,超过了用强制措施要求他出资的价值,他就会心甘情愿地服从那种要他本人和任何别人都出资的强制措施。在这里,比较正确的说法也许是:消费者只有当他服从这种强制,而不是毫无限制的自由时,才是主权者。正是这种对消费者主权的解释,构成了我反对使用竞争准则的基础。①

在这一章中并没有涉及在实际经济活动中普遍采用竞争准则或准竞争准则所可能遇到的实际困难。② 这里面可能大有文章,但我现在的目的只不过是要指出概念上的困难罢了。

① 参看哈维里莫:《非自愿经济决策论》,载《计量经济学》,1950 年 1 月号。

② 关于这一点可参阅瑞多密斯勒:《福利经济学与经济政策》,载《经济》杂志,1946 年;A. M. 亨德森:《国营企业的价格和利润》,特别是第一节和第二节,载《经济研究评论》,1948—1949 年,威廉・维克来:《边际成本价格之异议》,载《政治经济学杂志》,1948 年 6 月号。

这一章第三节所讨论的问题,确实涉及实践上的困难,但对所讨论的方案,在某种意义上,我们较多地着眼于它的效用,而不大注意它的可能性。

第七章　失业均衡及其有关问题

一

在后面的三章中，我想要把正规的外部经济论扩大到福利理论的几个问题上，但不包括其用途迄今依然大受限制的最适度配置资源问题。这可以作为推广到国家经济学说的第一步。无须指出这种讨论主要就是为了说明它有广泛的适用性（注解中将要指出别的作者也从各种特殊角度看到这一点）。对于有关的问题我不想具体说明，事实上也没有说明的必要。

在这一章里，我无意对凯恩斯的分析作什么重述，但在随后的讨论中，我至少大体上将要用到他分析失业均衡的主要部分。

二

我不相信还有多少人会拒绝承认高度的非自愿失业与我们设想的理想状况有矛盾。这样讲似乎太啰嗦了一些，因为这无非等于说：非自愿的失业是一种对效率的损失，而这种效率却正是在经济上帮助其成员实现其目的所必要的。[①] 由于增加就业会增多社

---

① 要注意我并不认为一定需要有某种完全的充分就业，甚至还认为这和达到理

会消费所需要的货物和劳务，而有利于那些得到工作的人，这就似乎不难相信，这样的就业在理论上可以使社会每个成员有净得，至少也是无损。凯恩斯分析的主要结论之一，即至少在相当短的时期内，可能保持高度的失业水平，也就是说，（没有政府的干预）经济成员们不可能采取一致的行动去消除失业。我们可以看一看这种偏离理想的情形为什么能够继续存在。

我们接受了凯恩斯的论点，就可以很方便地把公家所能减轻失业的方法分为三类：(1)主动地提高消费倾向，(2)主动地提高投资水平，(3)用降低各种利率水平来提高投资（或消费）的水平。我们从有关经济决策的个别成员的角度来一一加以考察。

第一，有可能主动地提高消费倾向。假使一个人的收入不变，而增购了消费品，我们可以预计这会有什么影响呢？首先，即使所讲的这个人特别富有而又极端奢侈，但在其他情况不变之下，他的增购对总有效需求的影响通常是觉察不到的。很少有人，如果有的话那也是寥寥无几，有足够的流动资财可以增加显然为社会大多数人所无力承担的个人开支。[①] 另一方面，个人改变了开支水平还会对他的福利产生很不利的直接影响。他按他的收入所达到的某种储蓄水平是特别适合他那时的需要和愿望的，任何改变对他都是不利的。因此，除非他有理由相信只有他增加自己的开支才会形成普遍地增加开支，不然他这样单独地增加支出就很不合理。要注意或许有特别例外的情形：想预防不利的经济波动也会部分

想有矛盾。例如，伴随通货膨胀的危险而来的这种就业水平，就不能相信它是合意的。

① 一个人增加开支，还可能减少别人的开支。——译者

地产生高度的储蓄倾向，而这种储蓄愿望对于有效需求水平的反影响本身就会带来这种波动，至少是加重这种不利的波动。

我们现在来考察主动提高投资水平的可能性。我们的论点完全类似刚才讲到的论点。孤立的投资活动对于有效需求的水平，从而对于就业的水平，似乎也不会有什么显著的影响。另一方面，任何个人投资到达某一点以后，一个单位投资增量所产生的预期的报酬，经资本化后所折得的现值，就同有关的利率不相称了。预期的利润并非与投资的水平无关，但这两者的关系，就同临时备用的储蓄水平与临时可能使用之间的关系相似；因为一般地增加投资水平，至少在短期内会使有效需求的水平产生一种净增加，从而提高就业水平。这有可能引起多数商品的需求增加，从而足够地提高利润，而证明原先增加投资支出是适当的，但这只有当企业家个人想到他有理由相信，只有他的投资支出会使总投资支出的水平有显著的增加或不增加时，他才可能增加投资。由于一般情形并不是这样，那就值得他以及每个企业家按环境不变的条件继续以正常的态度行事，可能使一群商人，因而也很可能包括他本人，损失潜在利润①。

然而，这种投资情况的论点，仅在相当短的期间才能充分适用；很可能随着时间的推移，低的投资水平会造成耗尽社会资本及增加投资边际效率的结果。这可能诱使企业家增加投资支出，但却并不是因为预期有效需求水平提高，而是因为他们预计到他们的产品供给将会减少，从而价值会增加的缘故。最后可能形成资

① 参看多玛：《投资损失与垄断》，载《所得、就业和公共政策》，第49—53页。

本的再积累，因而返回到很像最初所遇到的一种低水平的就业情况。这种论点在事实上已成为分析商业循环的基础[①]。

我现在来讲在个人主义经济中，有趋向于自动消除失业的第三种可能。这里实际上包括了好几种可能性，因为它们基本上都是采取降低某种或所有的利率的办法，所以可以归并为一类。降低利率当然是用来有利地影响投资水平，也可能影响消费水平，因而也会影响就业水平。

原来通过增加有效需求，提高银行可贷货币的利率，才对银行直接有利。因此，仅用减低银行愿贷款项的利率来支持有效需求的增加，并不能表明对银行家有什么特别报酬。

还有一个很重要而议论纷纷的可能性是，用降低一般价格水平，特别是工资水平来降低利率。首先，一般价格降低可能产生收入影响，使那些手头持有现金的人增加真实购买力。这样可以诱导他们增加开支，从而直接增加有效需求的水平[②]。然而我并不认为这会产生什么直接的重要影响，第一，因为现行的货币很多是信用货币，贷方的增益会为借方的相应损失所抵消，第二，因为我有些怀疑那些心理上的论点：他们主张降低以货币计算的物价来提高现金的真实购买力，甚至认为货币收入即使随同物价减少，也会引起（真实）开支的显著增加。再者，人们如预期价格水平进一步下跌，就会引诱他们储存一定量的货币，以期待真实购买力的再扩大，这就有可能抵消物价水平跌落对有效需求的任何有利影响。

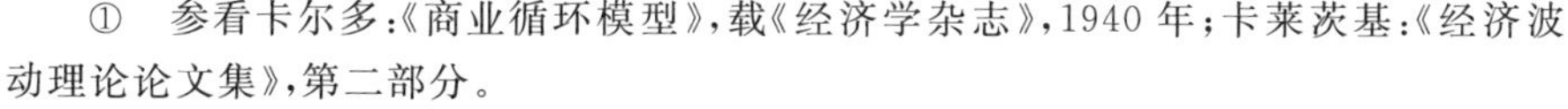

① 参看卡尔多：《商业循环模型》，载《经济学杂志》，1940 年；卡莱茨基：《经济波动理论论文集》，第二部分。

② 参看庇古教授：《古典的静态》，载《经济学杂志》，1943 年。

物价水平的跌落，也可以使货币贷款的需求减少，这是由于随同物价的跌落，在很多种用途上只需要较少的货币储存。这就可使某种或所有的利率下降，从而诱导某些投资水平提高。我以为这样的效果也是可疑的，在商业非常悲观的时候更是如此。许多种利率，尤其是长期利率就可能不下降，即使降落了，悲观的情绪（如果不能在过程中减轻或通过外在的原因减轻），不管利率下降得多么低，人们仍无意投资，甚至价格的跌落还可能使企业家期待其再跌落，在这种场合，甚至还会发生投资的减少[①]。

总起来说，工资和物价的降落虽则有可能使就业水平提高，但并不能因此就打包票肯定它一定会产生这种结果，甚至还可以想到，在某些情况下，这样的降落毋宁是加重了失业而不是减轻了失业。

上面的几个论点很像前几章中所讲的外部经济论点，这是很明显的。不妨这样说，高度的就业水平，我们可以认为在事实上这只是集体而不是其中的个人所能需求并能得到的一种商品。这里也像在许多属于集体需求项目的场合一样，对自动的机构似乎不能相信它会有效地取得合意的结果。所以有些人认为个人主义经济在这方面不可能得到满意的结果，因而对国家干预经济就认为在某种意义上是正当的了。

---

① 因为相信大多数读者熟悉有关这个问题的讨论，所以这里表述得很粗略。有关这个问题的详尽而正式的讨论，可参看朗格博士的《价格波动与就业》。

三

虽然普遍地降低报酬，有时对于消除失业，只有很少甚或没有影响，但在其他情况仍然不变的情形下，某一个经济部门降低了报酬和价格显然会增加该部门所生产货物的一般需求。相反，（比方说）一项工业采取了刚性的工资和价格，则在价格跌落的时期，那里就会发生相对的失业。

原来某些工业所使用的各种进货有很呆板的比例，而这些要素的价格又或多或少地被单独控制住，任何这类生产要素的拥有者，就不大情愿减少他的报酬，因为减少报酬对他直接不利，而以后降低价格及从而增进工业业务所产生的任何利益，对他仅有部分的利益。换句话说，他降低了货币收入的利益，这项利益将会无差别地落到一切与该工业有联系的那些人手里，这情形完全和规模上有外部经济的情况相类似。

这可以部分地用来解释某些生产要素所得的（货币）报酬趋向刚性（下降）的理由。只要这种不情愿减少货币所得的情况是很普遍，则对任何个别的集体就不可能有实质上的损害。然而在收入（和价格）的刚性倾向特别显著的某些工业中，每当价格很低时，这些工业的活动就几乎完全趋于停顿，而且还常常会延续相当长的时期。

美国的建筑业就是在这方面出名的一个例子，目前的房荒也可以部分地归因于这种困难。在该工业中，普通是由一个承包商为消费者建造新房，再由承包商把工程转手分包给每个专业化的企业家。这样分头来提供各种货物和劳务的专业有:木工、电工、泥灰工、砌砖工、油漆工、挖掘工、地基工、给水工、暖气工、碎石工、屋瓦工和地板工。可以理解,当房屋的需求减少时,提供地基的分包工,举例来说,就很不愿意自动地削减其产品的价格,这样一来,如想把协商的削价满意地分摊给所有参加的生产者,就成为很不容易安排的事了。

以此类推可以看到,在极易向上变动的完成品的价格方面,很可能产生这样的情况,如果任何一个组成部分涨价造成了需求的损失,则这种损失可能很小,而涨价所提高的单位利润却能抵消这种损失而有余。美国近年来的房价史似乎并不和这个结果相矛盾,这种分析使人预计到——虽则危机和萧条时期的绝对价格下跌了,但相对价格几乎还是继续上升。而当开始有恢复的迹象时,绝对价格就会急剧上涨。[①]

四

这就联想到我们的分析对于通货膨胀的问题,也可能有某种意义,它当然与充分就业的问题密切相关。

上一节的分析指出了:为什么个别的工会和其他组织在膨胀的紧迫时期,即使膨胀对他们的影响也是不利的,还理直气壮地在争取提高报酬。单独一个工会自动地克制提高工资的要求,并不能解除普遍膨胀的紧迫性,只会使它的会员完全受涨价的摆布。

① 可参看拉希:《打破建筑业的闭塞》。

同理，社会的每个成员，作为个人来说，只要他的收入能够与物价齐涨，都觉得继续按他在未膨胀时的比例花费他的收入是应该的。但如每个人都这样做，则唯一的结果就是经济情况普遍恶化，最后将使全体有关人员都蒙受不利。

在这些情况下，就像在失业严重的时期一样，理性的判断可能，要求采取强制的措施，也就是要求政府干预，办法是课税、冻结工资以及其他手段，同时对整个经济要紧缩开支和制止膨胀性的活动。①

① 我们的论点也为许多欧洲国家要求延缓交付，帮助解决战后问题提供了理性上的根据。在不是随即支付的时候，个人当然有尽量少做工作的理由，因为如果没有旁人努力工作，他本人的努力对改进一般情况就不会起大作用；如果任何旁人都尽到格外的努力，大概没有他也会减轻困难。因此这个论点就要假定劳工有了完全的动员，或者资源有了最适度的配置才能成立——否则就会成为一种不得已的权宜办法用来对付特殊的、非主要的行业，迫使它减低效率以减少它使用极度紧张的材料。

第八章　有关国际关系的一些问题

一

国际战争也许是在我们的分析中用得上的一种最明显的例子。战争本质上是要把敌人的福利减少到甘愿失败也不愿再抵抗下去的地步。而一个国家进行敌对行动时，即使遭不到任何直接的恶果，也还要负担生产武器的机会成本。

战争的结局如果可以预见，则行将交锋的双方可以不诉诸战争而取得一种妥协，使他们彼此间能把现有的财产分配得都比实际发生军事行动时的情况要好些[①]。但可惜的是既不能预知军事行动的结局，也不能对是否会因某种事件而发生军事行动的问题有先知的答案，所以通常在实际上不可能有满足双方所期望的解决。但要注意，我并不是说战争绝不会偶然地对某一方有利。这当然就有发生战争的可能了。

在平时，耗费浩大的军事准备，可能强加在并不情愿的一些国家的肩上，但每个国家都害怕别国有潜在的动作，不得不这样

① 我的确听说在南美洲发生过这种支票簿上的战争。对不同的看法，可参看施蒂格勒:《新福利经济学》，载《美国经济学评论》，1943 年 6 月号，以及萨缪尔森的答辩（同刊 1943 年 9 月号）。

做——而其他国家对这种同样的可能性的反应，更容易证实这种害怕。军事准备的最后效果必须首屈一指，这种想法也加重了这种害怕，一个国家判断它的准备程度只能是武装的相对强度，而不是绝对的强度。因此如所周知，根据个人英雄主义来处理国际事务不会产生什么理想的结果，而事实证明，想用（非强制的）合作的办法来处理国际事务，根本不可能是稳定的。结论只能是：主动服从国际间的强制协议（虽则政治上也许不现实），可能对各个国家都有好处。

二

在国际关系上通常还有更习见的有关经济关系的活动，可以很方便地根据我们的基本论点来分析。对于关税及其有关贸易条件的传统的讨论，就提供了一个极好的例子。

所谓贸易条件，当然是指一个国家为了得到一单位的某种进口商品，而必须通过正常的国际汇兑渠道输出的一个特定商品的出口量[①]。这种条件实际上是表示了一个国家进口货对出口货的真实价格。传统的论点有一基本假定，就是在其他情况相同之下，一个国家的利益在于压低进口货的真实价格[②]，只在这种场合下，

① 贸易条件这个术语好像是马歇尔（在《货币信用与商业》第三篇上）先用的，而在陶西格所著《国际贸易》中显得通俗化了。我们当然愿意把所指的几个商品作为几批代表货物。参看前引马歇尔著作，第 157 页。

② 关于不同的意见，可参看多兰斯：《贸易的收入条件》，载《经济研究评论》，1948—1949 年。

才认为贸易条件是有利的。

在暂不考虑某些公认为重要的限制性假定下，两人或两国之间的自由交换，只要于双方有利就可进行。因此我以为，在没有限制的情况下，如果交换的货物量有了改变并对双方都有利，那么这种改变就是有效果的。

有关两国中的一国在进口货上征课了关税就改进了这一国的贸易条件，这是由于关税在本质上等于减少进口的需求，从而压低这些货物的价格。另一方面，关税却会减少国家之间相互交换的货物量，由于刚才讲到的相互交换的数量如没有贸易限制就在某种意义上对双方都最有利，所以这第二个影响从两国的观点看来都是不合意的。

改进贸易条件所产生的利益，如果关税不过高，从设立关税国家的观点来看，一般足以抵消刚才考虑到的不利影响。然而第二个国家一般可能觉得应当采取报复关税来抵消对方先设关税对贸易条件的不利影响，这就进一步减少了总的贸易量。其结果可能是一场关税战，使贸易条件在实质上并未改变，而双方的总贸易量却受到了不利的影响[①]。

我在这里引证席托夫斯基的原文可能很有用：

“〔这种〕论点可能有例外……其根据是在达到均衡之前很久，两个国家就会认识到本身提高关税与别国报复行动之间的因果关系，因而达成某种协议……

① 关于这一点有更精密的图解研究，例如可参看席托夫斯基：《关税理论的再考察》，载《经济研究评论》，1942 年，转载于《国际贸易理论研究》；萨缪尔森：《福利经济学与国际贸易》，载《美国经济评论》，1938 年 6 月号。

"如果只有两个国家，那的确会是这种情形。然而在有很多国家，而每一国又同很多别国有贸易关系的时候，任何一国就会认为它可以不必考虑别国对它本身的关税政策有什么报复的危险……一个国家知道它本身对另一国家的产品互惠需求只占该国国外总需求的很小一部分，以致改变它的需求不会影响到这另一国家的政策，它在设立和提高关税上就没有什么顾虑了。当所有的国家都照这个原则行事并提高关税时，那就像其他各国都以一致的行动来对它提高关税一样，把每一国所面临的总需求曲线弄得极不正常……

"这时我们可以试图概述一种长期的国际贸易理论。假设起先贸易是一种自由状态……有些国家认为自己是个很小的小国，不致因设立关税或提高关税而受制裁，一旦发现他们可以这样来增进本国的福利，他们就会这样做。当很多国家步其后尘时，那些还以自由贸易为基础的国家将发觉自己受到了垄断的剥削，就完全有理由说，他们这些国家之所以也筑起关税壁垒，实在是出于不得已啊！如上所述，他们这样做，就可以改善他们的处境……

"关税壁垒已到处筑起以后，那些始作俑者的国家将发觉他们原先的一些利益再也得不到了；不过他们还可能认为即使先前已充分地利用了他们的垄断地位，仍可进一步提高关税来加强这种地位。当关税壁垒都升高时，就有可能召开国际贸易会议来制止这种对有关各国都显然有害的过程。在每一国家各自提高关税仍有其个体的利益时，这种集体的努力，如果没有国际制裁作后盾，是注定无效的；正像卡特尔协定如果没有一个大生产者具有足够的威信来强制执行就会失败一样。”①

三

更普遍的是各种“以邻为壑”的政策②，它包括外汇贬值，削减货币工资，贴补出口，(再加)用关税和限额的办法来限制进口等。依据我们的论点，这也是很容易分析的。这些政策当然都是该国用来增加贸易余额，或为了不同的理由用来消除国内失业的。这些政策如果成功地盛行，由于不符合比较利益的技术分工，就可能使世界生产效率产生巨大的损失。再从就业的观点来看，可以想象到，谨慎的政府，在一个积极采用这些政策的世界上，可能力求维持利率以自保，这就阻止了以贷款形式形成的通货外流。如果利率因此普遍提高，就可能产生投资衰落的后果，反而加重原有的失业。当然，大多数不采用操纵利率的办法，而是直接运用外汇管理作为争夺的主要武器。

在这种情况下，个别国家的地位，同早先讨论到的一些情况下的个人地位并不完全相似。一般说来，只要这种“以邻为壑”的争夺稍停一下，发起这种策略的国家就可能引起迅速的报复。但是正当争夺激烈之际，任何一国的单方面节制，对于缓和这种普遍的做法，通常都不会起什么作用。在这主被动的两种场合，一个国家采取合理举动所能得到的结果并不相同。在被动的场合，由于它

① 参看前引著作，第100—101页。关于不同的看法，可参看利特尔：《福利经济学评述》，第247—250页。特别是利特尔认为关税战对于所有的参加者未必都有害。

② 参看琼·罗宾逊：《就业理论论文集》，第210—228页。

必然会受到包括可能降低生活水平的不利影响，再由于它要是节制，就会失去潜在的相对增加的利得差额（或者反过来等于说，它要防止别国想要加给它的直接损失），因此它就很少有理由，或者没有理由不去热烈地参加争夺。但是一旦休战到来，发动这一连串事变的国家就可能觉得这样做很不利——因为在这种场合，别国的政策在很大程度上可能是由它的发动引起的。只要它先发动，别国就可能参加，所以停止争夺就会完全避免争夺所产生的对一般都不利的影响。再说，首先发动者所得到的任何利得差额也可能很快地为别国的报复行动所抵消。

发动“以邻为壑”政策的第一个国家也不真像人们有时想象的那样，完全是没有道理的行动，因为它可以肯定，要是它一带头，别国就会很快效法，但并不能保证它不干时，别国也会跟它一样不干。既然只有先发制人才能得到哪怕是暂时的利得差额，那就会促使某一个别国家依照现在的情况来估计形势，只要认为争夺不可避免，就会来个先下手为强。由于每一个个别的国家都可能面临同样的环境，对形势都有同样的估计，这当然就很可能势在必行而难以避免了。

正是出于这些考虑，旨在避免发生“以邻为壑”的争夺的国际协定才应运而生，但经验已表明它也不会持久。只要后下手就会遭殃，这种经常的疑惑和恐惧就会使某些国家终不免于再度发难。

总起来说，（把国家看成是相应的“个人”就）可能认识到国际关系也具有非理想的个人主义的原型状态，每个参加者都追逐各自的利益，就共同破坏了包括他自己在内的集体目标，但他自己并没有别的办法使他自己的情况不再恶化。实际的结果说明了这些做法确实是太残暴了，同时如果这样地坚持下去，就有可能给人类历史造成最突出的问题[①]。

① 在国际关系领域内有一个有趣而又能说明问题的例子：几个通货不兑现的国家，虽则每一国的支付总额是平衡的，但对每一个单独的国家是不会自动平衡的（例如加拿大对美国的欠款为它对英国的余额所抵消）。在这种情况下，没有哪一个国家会自动地恢复通货的兑现，因为这样将使它的储备完全消耗在它的债主国身上。但是另一方面，一旦所有的国家通过联合行动重建了兑现，使每一国都可以向所选定的别国购买，只要某种通货不认为它有什么内在的价值，则任何一国就显然不会有恢复不兑现的动机。这样看来，在个人主义继续统治之下，一旦离开了理想，单靠合作的安排就可以恢复，而无须用强制来维持时，理想和非理想的情况都是稳定的。这例子是由多兰斯先生建议给作者的。

第九章　论点的推广：两种应用的说明

一

我们在以上很多讨论中所取的有关集体，只包括社会上实现某种经济活动的成员。但是我们可以大大推广集体的含义，包括一切封闭经济（例如人类）的全体成员，也包括某种较有限制的个体集合[①]。考虑集体活动是否能最有效地达到其成员的目标时，其答案必须随所论集体的大小和成员身份的不同而改变。譬如，一个人逃避兵役可能违反了本人作为一个该国公民的利益，但还符合他作为一个世界公民的利益。

最后可以这么讲，只有全世界及个体居民才是两个恰当的单位。因为要从全世界的观点来达到理想，依据定义就必须是任何一类居民集团情况的改善都不能小于该单位以外的人（在某种意义上）的相应损失，因为这样，当回到理想问题时才能够在理论上

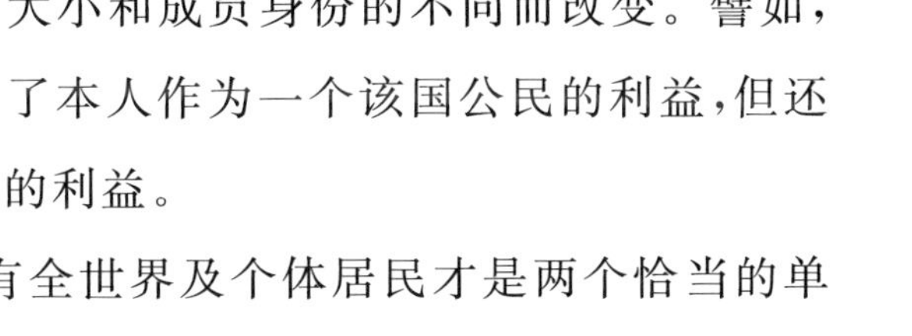

① 附带注意一下我曾改变个体这名词的意义，在不同的时候用它来表示人、家庭、厂商或国家。在各种不同场合，我采取了有关的决定性单位作为个体。

说对每个人都有利[①]。

虽然如此，为了理论上的完整，又由于国家这种集体往往是实际上很重要的单位，这似乎就是我们的在分析中所要推广到的那种更一般的集体。这样做就必须把这种集体以外的个体（要是有的话）活动或反活动作为地理环境那样来论证。我们将会看出，对这个问题的形式分析只要稍加修改，就能在很大程度上应用于不同组织的集体。

二

我在下面说明中所取的集体是包括所有售卖某种完全同性质商品的厂商，并以集体的观点来考察竞争行为和垄断行为的影响。通篇大多数的讨论都（照古诺的矿泉例子）假定边际成本是零，但将会看出，这并不影响论述的实质。所得到的结论既不足为奇，又不算新颖。不过我在这里主要关心的是分析本身，而不是分析的结果。

因为我们规定了一种特定的无差别的产品，从而撇开了销售成本和产品选择等等问题，因此任何个体的售卖者单单操纵产量就可以获得最大的利润。他获利的数额取决于同种产品的其他售卖者所采取的行动方针，所以竞争市场的售方主要是聚集了一些在金钱活动上有高度相互依存机会的个体，但每一个体却完全不

① 下面第十一章将有更详细的讨论。

顾他的活动对旁人的影响，同时也不预测旁人对他自己的直接反响。各售卖者的利益至少在一个方面是矛盾的，因为从任何单独售卖者的观点来看，他最有利的结局是他完全掌握了市场。但在我们看来还有一种对售卖者整体是理想的情况，这就是售卖者合起来能获取最大利润的总产量，也就是垄断产量。[①]

很显然，在竞争条件下的理想行动不可能对个体最有利。例如，我们可以假定原来产量大于垄断产量，一个个体要按照理想行动就必须削减销售量。但他的利润（假使确定了成本曲线）当然同时取决于售价和销量。由于他减少了的销量，在总销量中仅占（或多或少的）一部分，在价格上只会产生很小的上升，所以理想行为可能对他本人不利。

但情况未必是这样。需求曲线同该工业的总平均成本曲线可能在某一点上相切而在其他所有点上较为低下。在这种场合，如果达到了均衡，最后总是迫使所有的售卖者都接受零位利润，如果竟然还有什么销售，这种总售量就必然是理想的水平。

可以想象到的另外一些情况是：当产量的改变更接近于理想时，是同个体利润的增加相符合的。在这里有以下的一般情况：

1. 当减少了销售量对集体和个体都有利，或者增加了销售量都有害时，如果个体的活动很有理性，就有助手达到理想。如果集体产品的需求曲线是极不富于弹性，这就是可能的，因为我们要求个体从涨价获得的利得多于补偿减销的损失。随同一定的产量变

① 这里关系到克拉克和张伯仑所讲到的完全理性与完全竞争之间的矛盾（参看张伯仑：《垄断竞争理论》，第4、49页）。

动在价格上发生了相对较大的变动，这当然暗示了需求不富于弹性。

2. 当个体改变销售量所产生的金钱上的得失在种种情况下都大于所有其他售卖者合起来的得失时，他的利得也暗示着（在相抵后的余额上）集体的利得。

（总）需求曲线有可能很富于弹性，要是真的这样，则产量上一定的变动将使价格只有很小的跌落。这对集体（价格）的影响小，对个体（销量变动）的影响大，于是如上面条件所要求的，个体在产量上所受的影响就可能超过集体的影响。

在这些条件没有一个可以满足的场合，个体就觉得“更”合理想的行动是不利的，因为由此而增加了利润的人将使别人总利润的减少超过本人的利得。因此，在一个商品的需求只有适中的弹性，某个售卖者对该商品的销售量未能掌握很大的比例时，一般说来个体将觉得照理想行动是不利的。

三

确切地划定需求曲线的弹性的界限，也许是一个颇耐人寻味的问题。竞争者在界限以外活动即可提高集体的福利。这可以说明如下：

设有某个体在该工业总产量中出售的比例是 K，我们如果假设有边际成本是零的条件，只要需求弹性大于 1 或小于 K，就会使该个体的活动符合集体的利益。

证明的办法，可以回想，在成本已确定的条件下，（只有）当需求弹性大于 1 的时候，扩大产量才会增加工业的利润。从我们熟悉的公式[①]所提示的情况来看，边际收入只能是正的，也就是说，改变产量将会增加集体的净利得。

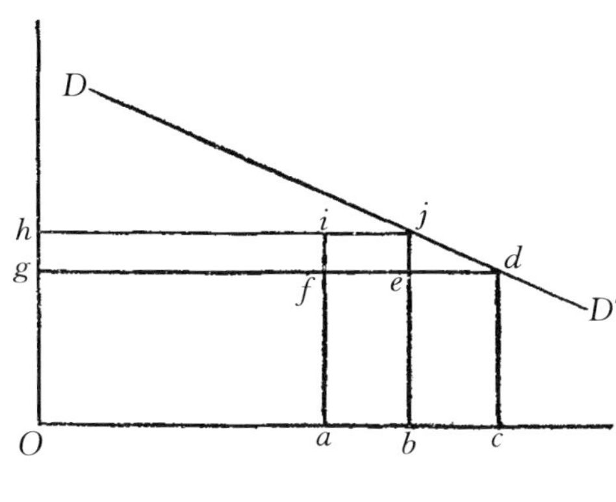

第十图

现在从第十图可以看出，当集体的初始产量用 ob 表示，所指个体的产量用 ab 表示，增加产量用 bc 表示，该工业产品的需求曲线用 DD' 表示的时候，个体扩大产量的利得（面积 $bcde$—面积 $feji$）必须经常大于集体的利得（面积 $bcde$—面积 $gejh$）。因此，当需求的弹性大于 1 因而使扩大产量有利于集体时，个体的扩大产量也一定是有利的。这证明了上述断语的第一部分。

还要表明，当需求的弹性小于 K 的时候，个体的利益将和集体一致，这可以用几何方法叙述如下：

在第十一图上，需求曲线用 DD' 表示。于是在需求曲线 d 点

---

① 参看琼·罗宾逊：《不完全竞争经济学》，第 35—36 页的证明。这当然就是边际收入等于价格乘$(e-\frac{1}{e})$的公式，这里 e 是需求弹性。

我们遵循马歇尔采用需求弹性一般产生正值的说法。

（罗氏原书的公式是 $M=A\frac{E-1}{E}$，这时 E 是需求弹性，M 是边际收入，A 是平均收入，也就是上注中所指的价格。依这个公式，A 总是正数，如 $E=0$，则 $M=-\infty$；如 $E<1$，则 $M<0$，所以只有当 $E>1$ 时，M 才是正数。这就说明了原文的意思。上注所引的公式与罗氏原书公式有出入，列出原书公式以供参考。——译者）

上的需求弹性就等于在这一点上同需求曲线相切的两线段的比率$\frac{dc}{ed}$①。

现在我们所讲的个体开始生产了 ab,同时另一些人生产了 oa,该个体产量的需求曲线可以用原有需求曲线位于 a 右边的一段来表示,因为如果我们不用 oP 而改用 aP'作为价格的轴,则在其他厂商销量照旧不变的情况下,他一人照那个价格能够售出的潜在产量就是 ab。因此,该个体产量的需求弹性是$\frac{dc}{fd}$,只有当这个比率小于 1 的时候,他才值得紧缩产量。② 于是整个集体产量的需求弹性$\frac{dc}{ed}=K\ \frac{dc}{fd}$就小于 K③,如果该个体并没有控制到该工业整个

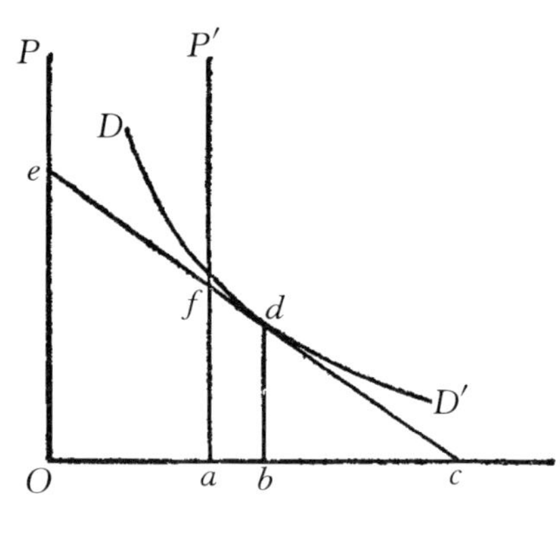

第十一图

---

① 马歇尔:《经济学原理》,数学附录,注三。

(我们如果借用上面第十图,可知 j 点上的需求弹性是$\frac{de}{ob}/\frac{je}{jb}$,也就是需求数量相对增加对价格相对减低的比率。依据马氏的证明(从略),如果假设上图上需求曲线 DD'的一端 D 与 y 轴相交,另一端 D'与 x 轴相交,即可得出上式等于$\frac{jD'}{jD}$,也就相当于第十一图上的$\frac{dc}{ed}$了。——译者)

② 这时涨价的增益超过减产的损失。——译者

③ 因题设 $K=\frac{ab}{ob}$,故上文公式$\frac{dc}{ed}=K\ \frac{dc}{fd}$可化为$\frac{dc}{ed}=\frac{ab}{ob}\times\frac{dc}{fd}$,再化为$\frac{fd}{ed}=\frac{ab}{ob}$,依几何上成比例的定理可以倒证原式成立。——译者

的产量，则 K 的本身也是小于 1 的。因此个体和集体都值得紧缩产量，这就证明了我们上述的命题 ①。

我们也就证明了如果需求弹性大于 K 而小于 1，将导致该个体违背集体的利益而活动，因为这就值得该个体扩大产量而使整个集体紧缩产量。

如果我们考虑到边际成本有可能不是零，对这些结论就要有些修正。要是没有（金钱的或工艺的）规模上的外部经济使得每家厂商的成本与别家业务大小无关，唯一的变动就只是个体与集体利益相抵触的范围增大了些，两种临界弹性的量值也各有些增大（只有在边际成本是负的情况下，两者才都有所减少）。两种临界弹性之间的比率仍然是 K。但如果有了任何种（正的或负的）外部经济，则这种比率可能成为各种各样的。如有正的并且是足够

① 古诺解决寡头垄断问题所假设的就是这种情况，除了重点和解释的不同外，答案是一样的。参看古诺：《财富理论的数学原理之研究》，第七章；张伯仑：《垄断竞争理论》，第五版，第 32—34、221—224 页。

正如我们时常强调的，稳定这种均衡所要求的假定是不现实的。第一，假设每家厂商把别家的产量作为数据并忽略了它本身活动对别家产量的影响。再者，这里还忽略了（本章下一节将考虑的）每一厂商低于时价提供售货品争夺买方，暗中发生价格战的可能性。（根据埃奇沃思的解答）这样的价格战能够暂时迫使价格跌到利润为零的水平。除了这些以外，也必须假设杜绝竞争者加入，以防止因竞争的拥来而消失掉获得利润的可能性。

但在不少场合，古诺解答所确定的利润水平接近于零，这时假定杜绝加入者就是多余的，假设厂商的边际成本曲线从某一点起开始上升，其余两个假定也成为不大必要了，因为这样一来，厂商并不愿无限制地扩大销售，所以削价的企图也不存在。如果价格总是处于利润为零的水平，同时一家厂商决定产量对别家厂商决定产量的影响通常有理由认为可以不计，尤其是这样的情况。在这种场合，就可以有理由把这种研究用来解决利润是零的竞争均衡，尤其可以解释上文第 111 页脚注①提到的克拉克、张伯仑所讲的矛盾问题。

大的外部经济，还可以想象这时的理想（垄断）产量，将会超过竞争情况下所达到的产量。[①]

在上图考察到（边际成本是零）的条件下，我们可以看出：即使售卖者认为的理想产量以某种方式达到了，也总是不稳定的，因为这是一种以需求弹性是1为条件的该商品的理想产量。但使用类似上面的推论可知，在各种情况下，如果总销量对某个售卖者的增量的比率是 K，则这个人销售的需求弹性就是 $\frac{1}{K}$，值得他扩大产量[②]。再者，除非我们所论的是一种垄断，否则，每个售卖者在其他情况相同时，遇到大于1的需求弹性，就想要扩大产量。[③] 只有个别售卖者确信要是自己扩大销售旁人也将这样干，才是一般的例外情况，因为在这种场合，他的行动可能使售价减到连他本人也会受到损失（有破坏市场的危险）的程度。

只要规模上没有外部经济，也没有外部不经济，当边际成本不是零的时候，我们关于理想必然不稳定的结论，（看下文第四节可知）也将继续有效而无须修正。但是外部经济如果达到足够大的

---

① 前引琼·罗宾逊的著作，第152—153页，再参看本章的附录和上面第三章的讨论。

（据罗氏讲，在竞争点上如果需求有足够的弹性，则垄断产量就可以大干竞争产量。——译者）

② 从上文知 $\frac{dc}{ed}=K\frac{dc}{fd}$，因题设 $\frac{dc}{ed}=1$，故 $\frac{dc}{fd}=\frac{1}{K}$。又 $K<1$，所以 $\frac{dc}{fd}>1$，值得扩大产量（以上符号的意义均同上）。——译者

③ 因此，从售卖者的观点看来，在有了几家相当规模的厂商时，这种均衡不可能是最好（理想）的，也不可能是最差的。诱使售卖者在某些情况下向理想方向改变产量，不过是预防利润完全失去罢了。

程度，就可以想象到，假使新的售卖者不能够参加进来，理想产量就会稳定。

四

我现在假定有一群售卖者决定联合起来，一致同意规定一种理想的销售量。假使有相当灵通的商情，我们就可以得出结论说，这种垄断的集体组织将会给他们自己搞得比竞争情况下更好。但这样的安排还可能不够稳定，即使所有旁的售卖者都照理想行动，还有可能值得某一个售卖者偏离理想状态。我们还会遇到另一种似非而是的情况——这里有一种使每个售卖者比较其他任何已知的产量可以增加利润的产量，这就有可能值得任何单独的售卖者修改他的销售量乃至偏离理想。因为任何售卖者如果能够很快地跌价，让任何其他售卖者来不及反行动（这样做好像是为了缓和竞争者，免得完全毁坏市场）因而获得大量的（暂时的）增售量，自然很值得他这样去干。①

对收入作适当的再分配，总可能利诱一个售卖者不去改变他的产量，但背叛联合的人有可能获得利润这种先例，是集体的所有成员个个都可程度不同地照此办理的。不过，要集体同时利诱每一个成员，显然是不可能的。

例如有五个售卖者，每人生产（上面第十图上）理想产量 *ob* 的

① 其结果将迫使利润暂时降到零点。参看埃奇沃思对寡头垄断问题的解答，见所著《政治经济学论文》，第一卷，第111页。

五分之一。如有任何一个售卖者比方说按价格 *og* 供售产品，比旁人的售价（*oh*）低了一定数量 *gh*，他的销售量就会从 *ab* 突变到 *oc*，利润也从 *abji* 突变到 *ocdg*。由于总的初始利润 *objh* 假设大于他的利润 *ocdg*，这就能够利诱他不这样干。再者，回复到理想状态还能够使旁的售卖者都有相对的利润，这是由于在新的销售情况下他们的利润都是零。[①] 但是，由于这五个人中每人都可以这样干，对他们都须同时进行这样的利诱，由于总的潜在利润必须大于集体最大可能的利润（*objh*），即每人潜在的利润大于垄断利润的五分之一，这就不可能做到这种普遍的利诱了。

由此我们可以得出结论说，垄断的联合和勾结起来的商业集体（像上面已经讲过的）有很强烈的不稳定因素[②]，这似乎是经验得出的结论。

五

我在这里不加评论地插入另一个取材于《货币论》的应用外部经济论的说明。凯恩斯在这里讨论的，是中央银行以“银行利率”来控制向会员银行贷款的效果问题：

“我们假设有一家中央银行并不直接对公众营业，只与会员银

① 初始利润 *objh* 是假设在理想状态下的利润，所以大于 *ocdg*，从 *objh* 中减去 *ocdg* 就是对该售卖者进行利诱后使旁的所有售卖者能够得到的相对利润。——译者

② 参看费尔纳：《少数人的竞争》，第 41 页以下，又在该书第 127—136 页上可以看到本章第二节、第四节所讲到的一般问题。

行有往来，假设这些会员银行经过合并最后并成一家。再假设这家会员银行总是按照中央银行随时公定的银行利率向中央银行自由贴现它的票据，但必须保留（比方说）百分之十的存款余额于中央银行……假定中央银行不采用‘公开市场政策’而只靠改变银行利率，将根据什么来决定会员银行的贴现额，从而也同时决定中央银行的垫款额呢？

"……既然无须假设所有业务都用支票来往，那我们假定百分之十是现金来往，因而使新垫款有百分之十提取的现金不再返回银行作为存款。这表示该银行按照它向中央银行新增的贴现额大约可以安全地贷出 $5\frac{1}{4}$ 倍，结果所增加的存款额也大约是 $4\frac{3}{4}$ 倍[①]。只要该银行可以按照……〔有利的〕利率继续贷放和投资，就显然是累进不已……越多越好……。

"……为制止会员银行贴现而提高的银行利率，将会成为再提高的刺激……

"在实际上，用什么办法来阻止这种固有的趋势呢？

"有很多会员银行事实上已经找到答案。在我们假想的例子上，我们假定只有一家会员银行，它的超额贷款除去增加的流通票据，都以超额存款的方式返回了银行。

"……一家银行按照高于市场利率的成本从中央银行贷款，付

① 假设该银行向中央银行新增的贴现贷出100元，其中10元是现金支出不返回银行，另90元为支票来往仍回存银行，除提出9元转存中央银行外，计有存款余额81元。这81元再继续贷放循环不已，经验算大约可以达到上文所讲的倍数。——译者

出了扩张信用的全部成本，但收获的只有一部分利润，或许只是一小部分的利润。

“但还须考虑——这也许会比基于上述的严格计算所应有的影响更有实际意义——的问题是，只要市场利率低于公定利率，就显然值得一家希望增加准备余额的银行最好向其他会员银行套用准备余额，而不亲自去向准备银行借款。

“所以我们的结论是：在有许多会员银行的时候，差不多不会发生以显著高于市场利率的银行利率去向中央银行借同样的贷款的情况；否则，除非整个会员银行有一种商量好的协议，要采取一致的行动来反对中央银行的意图……”①

附录

一般的需求“临界弹性”限定了一种范围，在这范围以外，个体将在自利心的驱使下增进集体的福利。这种一般的需求“临界弹性”可以求得如下：

设个体扩大一定产量所取得的利得用 G_i 表示，集体的相应利得用 G_g 表示；再设

q 和 Q 分别表示个体和集体的初始产量；设

c 和 C 分别是个体和集体扩大产量的边际成本；设

p 是初始价格；最后设

① 凯恩斯：《货币论》，第二卷，第 244—250 页。类似的问题可看腓烈特·路兹和凡拉·路兹：《意大利的货币与外汇政策》，第 12 页，脚注；关于凯氏论点的起源可参看卫纳：《国际贸易理论研究》，第 240 页。

e 是对该工业产品的需求弹性。

于是，如果 $KQ=q, 0<K<1$ [①]，我们就有

$$G_i=\frac{dpq}{dq}^{②}-c=p+q\frac{dp}{dq}-c=p+KQ\frac{dp}{dq}-c$$

$$=p\left(1-\frac{K}{e}\right)-c \qquad (1)$$

这是由于只有该个体扩大产量，故 $dq=dQ$[③]。

同理，

$$G_g=\frac{dpQ}{dQ}-C=p\left(1-\frac{1}{e}\right)-C \qquad (2)$$

从式(1)可得

$$\left(G_i \lesseqgtr 0\right)，当\left(e \lesseqgtr \frac{K}{1-\frac{c}{p}}\right)^{④} \qquad (3)$$

① K 是个体产量占集体产量的比例。——译者

② pq 是个体的初始产值；所以$\frac{dpq}{dq}$是他的边际收入。边际收入减去边际成本就是扩大产量的利得。——译者

③ 集体需求弹性的公式是 $e=-\frac{dQ}{Q}/\frac{dp}{p}$，即产量相对上升变化对价格相对下降变化的比率，因为如果产量都售出去了，产量就是需求量。将这公式代入式(1)的右方即得

$$p\left(1-\frac{K}{e}\right)-C=p\left(1+K\frac{\frac{dp}{p}}{\frac{dQ}{Q}}\right)-c$$

$$=p+KQ\frac{dp}{dQ}-C=p+KQ\frac{dp}{dq}-c$$

——译者

④ 将 $e\lesseqgtr\frac{K}{1-\frac{c}{p}}$代入式(1)，即算出式(3)。——译者

同理，从式(2)可得

$$\left(G_g \lesseqgtr 0\right)，当并且只当\left(e \lesseqgtr \frac{1}{1-\frac{C}{p}}\right)^{①} \tag{4}$$

但如果 $C=c$，也就是规模上没有外部经济也没有外部不经济的时候，由式(1)和(2)就得出[②]

$$G_i > G_g \tag{5}$$

因此如果

$$e < \frac{K}{1-\frac{c}{p}}$$

我们从式(3)和(5)即得

$$0 > G_i > G_g$$

这就值得个体和集体都削减产量[③]。同理，如果

$$e > \frac{1}{1-\frac{c}{p}}$$

我们从式(4)和(5)即得

$$0 < G_g < G_i$$

这就值得增产了。

---

① 将 $e \lesseqgtr \frac{1}{1-\frac{c}{p}}$ 代入式(2)，即算出式(4)。——译者

② 集体和个体的边际成本相等，说明在生产上彼此没有什么影响。又式(1)中的 K 小于式(2)中的 1，故式(5)成立。——译者

③ 因为扩大产量对个体和集体都有损失。——译者

在 $c=C=0$ 的时候，这些 e 的“临界值”就化为 1 和 K[①]。

要注意，当 $C=c$ 时，理想产量必然不稳定，这是由于在理想产量下，集体的利润达到最大值，也就是 $G_g=0$[②]

与式(5)相比较，我们就得到 $G_i>0$

因此值得每个售卖者都去扩大销售[③]。

① 当 $c=0$ 时，$e \lesseqgtr \dfrac{K}{1-\dfrac{c}{p}} \lesseqgtr K$，

当 $C=0$ 时，$e \lesseqgtr \dfrac{1}{1-\dfrac{c}{p}} \lesseqgtr 1$。——译者

② 因为集体扩大产量的利得等于零时，利润达到最大值，也就是理想产量下的情况。——译者

③ 个体扩大产量的利得大于零时，就会扩大产量，所以理想产量也就不稳定了。——译者

第 二 篇

走向国家的
一种经济学说

……两个邻人可以同意在共有的草地上排水:因为他们容易了解彼此的意图,都会理解到自己不参加的直接后果,等于是放弃整个的计划。但很难也实在不可能希望成千上万的人会采取这样的一致行动;在人人要想找借口逃避出力出钱,把全部负担推到旁人头上的时候,协商这样复杂的计划就有困难,而执行起来就更加困难了。政治社会容易补救这两重困难……因此在政府管理下就到处修桥、开港、筑城、凿渠、造舰、练兵,虽则政府是由带有一切人类弱点的人所组成,这却是一种最最美妙、最最精巧的发明创造——一种在某种限度内摆脱了所有这些弱点的结合体。

休谟:《人性论》(人人丛书版),第二卷,第239页。

第十章　关于理想的含义

一

现在我们来讲前面多次谈过的主要问题——我们准备对在我们的讨论上作为中心准则的“理想”这个名词作怎样精确的解释呢？我们曾把理想情况的定义定为：所论到的个体们在追求实现自己选定了的任何目标上都不能因改变行为而增进它的效果。这问题无须有伦理上的含义。所谓集体的目的，也无非是指该集体成员们在图谋改善自己的目标上所追求的效率。[①]

① 奈特教授不相信这整个的解释是正当的，对于目的（目标）的问题他提出了一种较动态的探讨。他以为目标可以在追求实现的过程中修改，修改的性质并非与追求时所选择的手段不相干，其实手段本身在很多场合也就是目的。尽管这些争论点言之成理，但政府或个体都必须确定其在每一特定时刻的目的，否则就会注定其行动缺乏针对性或者是完全无从行动。毫无疑义，既确定的目的当然必须随时修正，不过也不能朝令夕改，令人无所适从，因而放弃了他的一切行动。否则，如果任何人在某一时刻采取任何行动而没有明确的目的作为起点，那么他绝不能够定出他要采取的行动方针，也就是没有行动的依据。即使同意了这一点，这种讨论也是白费口舌，徒劳无功的，因为，只要还存在作出合理决定的可能，就不可能对过去行动的合理性作出事后的评价，——一般地说，凡人都不能判断是否换一种行动方针比实际上已取的行动方针对自己更好些，这是由于假使他采取了另一种行动，他在实际上就不同于原先的他，而是另外一个人了。

但既然假定每一时刻都有既定的目的，在这种情况下的事前评价还是有根据的，同时由于这一点对于决策也很有关系，所以就可以依据这个论点来进行我们的分析。

像上面所讲，在制定判别理想的一般标准时的困难在于集体目的的概念很含糊，因为不同成员方面可能有很矛盾的或不相关的目的。只有我们对于这些个体的不同意见，发现了判别其相对价值或重要性的某种标准，即人与人之间比较效用的标准，这问题似乎才能够解决[①]。

二

卡尔多先生[②]对这种判别标准提出过类似于我们一直在使用的方案，人们曾期待它能在很多场合解决这种困难。大略地说，依据卡尔多先生建议的条件，任何潜在的变动都要经受以下的测验。要问所有因革新结果受到有害影响的人，认为革新给他们带来的不便最低要有多少(货币)的补偿。同样，也要问所有因革新获利的人，估计最高愿让出多少钱而又不致放弃已得的利益。只要后者的总和大于前者的总和，就可断定这是社会合意的革新。

我们觉得卡尔多先生所讲的革新，本质上在于断定："……假使境况变差的那些人的损失正好由于境况转好的那些人的破费而

① 参看莱昂内尔·罗宾斯：《经济科学的性质和意义》，第六章。同时参看肯尼斯·阿罗在所著《社会选择与个体价值》一书中关于选择中满意的协调的整个问题的启发性探讨。

② 卡尔多：《经济学的福利命题》，载《经济学杂志》，1939 年 9 月，第 549—552 页。较早的说明见巴伦的《集体主义国家生产部》，载哈耶克主编的《集体主义经济计划》，第 255—256 页；又卫纳：《国际贸易理论研究》，第 532—534 页上对这个论点有详细的说明和应用，他谨慎地解释了福利的含义，清楚地避免了希克斯和卡尔多说法的缺点。

得到补偿，经过这样的所得的再分配人人的真实所得同以前一样”[①]，则社会可以认为这种革新是无差异的（它的真实所得可以认为未变）。要注意，这个条件并不要求有实际上的补偿支付。

希克斯博士的说法是：“一种‘可容许的改革’必须……是一种意味着能够付出补偿的改革，显然还有净益的改革。只要有这样的改革的可能性，社会的处境就不是最适度的。”[②]

正如上面提到的希克斯的意见所说，只要存在着“可容许的改革”的可能性，的确可以说社会是可以为本身做得更好些的。如果我们赞成的一种改变无害于任何人而却有某些人感到合意，那么为了使处境成为某种意义上的最适度，就显然必须排除这种可能性。但在这里应用卡尔多先生的原理时还要谨慎，因为只要这种原理包含着一个必要条件，它就绝不等于实现最适度经济的充分基础。因此，我相信很可以设想有一种使社会整体比以前情况更差的“可容许的改革”（对于这一点的论证可以有功利主义的根据，却没有经济上的根据）。再者，我还是认为，只有对人与人之间的比较效用有了假定的某种判别的标准，我们才可能始终如一地识别绵羊与山羊，合意的与不合意的“可容许的改革”。

由于卡尔多的方案并不要求因某种经济现象而受到损害的人们，必须从得利的那些人取得充分的实际补偿，我相信，这一关键性的特征严重地削弱了它的实用性。当建立了这样的一种革新，

① 卡尔多：《关税和贸易条件释义》，载《经济》杂志，1940 年，第 378 页（着重点是本书作者加的）。

② 希克斯：《福利经济学基础》，载《经济学杂志》，1939 年 12 月，第 706 页（着重点是本书作者加的）。

它不仅能测定货币价值的得失，而且有实际支付的补偿，我们就会正确地对这种情形下结论说，并没有人受到损失，至少，有某些人得到利益[①]。事实上我们必须回复到帕累托的判别标准："考虑到任何一种有这种境遇的情况，并假定对它有了很小的偏离。如果集体中每个人的福利都因此增大了，那么新局面对集体中的每个人就显然比旧局面要好些，反过来说也一样，如果每个人的福利都减少了，它就是不合意的。再者，如果有些人的福利根本不变，也并不影响我们的结论……依据这种考虑，如果有这样的一种情况，只要稍有偏离就不可能使有关的个人增加或保持所享有的集体福利，我们就给这种情况下个定义，叫做最大集体福利（Maximum ophelimity）"。[②]

如果按照卡尔多先生的标准设想（但不要求）的补偿在事实上没有做到，那又该怎么办呢？我们是否有理由假定一组个体用货币衡量的利得大于另一组个体用货币衡量的损失，就认为社会整体有实在的利益呢？我们作一个很粗略的说明，假定因革新而得利的人都很富，同时所有的损失者都处于赤贫的境地。然则我们有理由假定这一组人与另一组人的货币就没有不同的主观价值吗？富的一组人的（货币）所得稍稍多于穷的一组人的所失，这种事实肯定不足以表明满足与不满足之间是已经真正地相互抵消

---

① 卫纳教授以为即使这样提，也还是不算过分，因为人们对于自己感到无差异所要求的补偿额不可能判断得很正确。一种改革即使增加了他们的绝对份额，也可能损伤了他们的相对社会地位，这种地位还可能更重要些。假使补偿时需要考虑所有的心理伤害，同时包括丧失地位的坏影响在内，那就可以圆通地避免这种批评了。

② 帕累托：《政治经济学教程》，第二版，第617—618页。但魏克塞尔有反对意见，参看所著：《政治经济学讲义》，第一卷，第82—83页。

了。确实很有理由可说，等量的货币，它代表穷人损失的主观价值，远远大于它代表富人相应的利得。[①]

原来卡尔多先生的标准并没有消除人与人之间的比较效用问题，只不过是用货币的杠杆来衡量效用，这个先弄弯再拉直的杠杆，最终在我们手中给折断了。我相信我们并没有理由单单因为集体的一部分能够以所得利益去补偿其他成员所蒙受的一些不利，就说这种改变一定能给集体带来利得。[②]

席托夫斯基曾指出[③]，因为卡尔多先生用了有伸缩性的量尺，当把革新的利得同取消同样革新的损失作比较时，用他的判别标准就可能得出前后矛盾的结果。因此革新及其取消都可以成为“可容许的改革”了。由于在这两种场合可以有不同的财富分配，从改变中得利的人在这两者之中的任何一种场合都能补偿受损失的人而绰绰有余。这些论断，即使应用于席托夫斯基所建议的有限制更改标准，在原有标准导致那类自相矛盾的结果的情况下也得不出什么结论。我的争论点是，一根橡皮量尺，即使不说它的弹性足以把一段距离量得既大于同时又小于另一段距离，也未必有什么可靠的价值。[④]

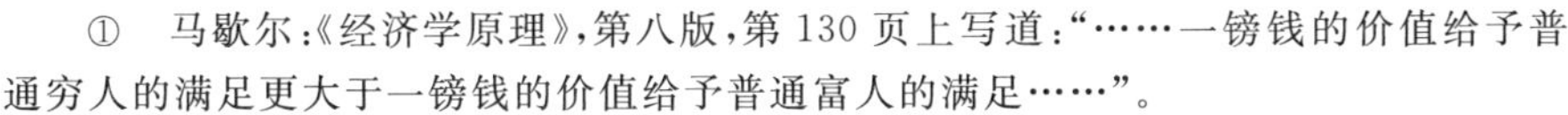

① 马歇尔：《经济学原理》，第八版，第130页上写道：“……一镑钱的价值给予普通穷人的满足更大于一镑钱的价值给予普通富人的满足……”。

② 但应参阅卡尔多的答辩，见《经济研究评论》，1946—1947年，此外，阿罗还澄清了我的见解，见前引著作，第38—40页。

③ 《经济学中的福利定理释义》，载《经济研究评论》，1941年11月，第77—88页。

④ 但是席托夫斯基的确也简略地考虑到现在的争论点。他说。“……可以这么讲，作为一个纯经济学者，不应该在赞成取消谷物条例的同时，不赞成对那些因谷价低廉而受惠的人们课税以充分补偿地主的损失。但在某种意义上，从长远的观点看来，这种提法也不是和不同所得分配之间的价值判断没有关系。因为他们千方百计地保持

困难是产生于没有发现——也不可能发现——一种判别最适度所得分配的“客观”标准，所以我们对福利经济学领域内的任何问题就不得不以所得的分配作为背景。只要某种革新一涉及某些人的所得再分配问题——究竟比以前多了还是少了，经济学家就无法判断这种革新（对所影响的那些人）的合意性。

借用萨缪尔森教授的效用可能曲线（utility possibility curve）[①]，可以把这一节的整个论点更清楚地表达出来。我们考虑一个只含有两个个体的经济，在第十二图上沿 X 轴表示个体 X 的福利状态或效用，沿纵轴表示另一个个体 Y 的福利状态或效用。对我们的目的说来，没有必要具体衡量效用或福利，因为当所论到的个体自己觉得好些时，我们只要用指数来衡量其效用的增长，当自己觉得福利减少时，只要用指数来衡量其效用的减缩，否则就是照旧不变。因此，我们所关心的只是效用的序数测量而不是基数的测量，具有这种要求特征的任何指数都同样可采用，也就

原有的所得分配就暗示着喜欢现状。”（前引著作，第 79 页）另一方面，参看里德：《福利经济学理论研究》，第八章第一节；利特尔：《福利经济学基础》，载《牛津经济论文》，1949 年，第 233 页。

我当然不是主张现状应该保持，也不是说经济学家在事实上总该建议充分的补偿。但是作为一个实证主义者，我的确主张只有在事实上做了补偿时才能分辨出一般福利是进步还是退步。为了在一般场合能识别一种进步，并具体决定对补偿应该怎样办，他必须或明或暗地依据他的政治主张，因为这里面就包含有判别人与人之间比较价值的标准。事实上，我认为所讨论的标准只是一种似乎偏袒分配的现状，而又为有关个体的“补偿能力”所左右的标准。要注意，我并不反对利特尔认为人与人之间的比较效用没有价值判断的论点（见前引著作，第 243—244 页）。但我认为，在福利经济学中我们所探讨的并非只是效用的比较。我们一旦需要比较贵族与平民的效用并决定他们是否相等，就一定要有价值判断。

① 参看：《经济分析基础》，第八章，特别是第 243 页及其后各页；又该作者的《真实国民所得估计》，载《牛津经济论文》，1950 年 1 月号。

是说，我们可用萨缪尔森讲的“橡皮做的坐标轴”。

现在假设在一定情况下单单由于改变 X 与 Y 之间的福利分配方式而可能得到的福利组合以 AA' 线来表示。这条线的画法是，如果用 OX 定出 X 的福利地位，那么 XT 就是这种情况下 Y 可能达到的最好地位。依据沿着 AA' 线移动就会影响福利分配的条件，我们可以想象到 AA' 的斜度是向下的，也就是说，X 增长了福利就会使 Y 的地位变环。①

现在假设发生了像撤销关税这样的某种变化使该效用可能曲线从 AA' 移到 BB'，两者相交于 P。这种改变是合意的吗？如果初始的情况用点 T 表示，新的情况用点 M 表示，显然目前的 X 和 Y 都会变好些。

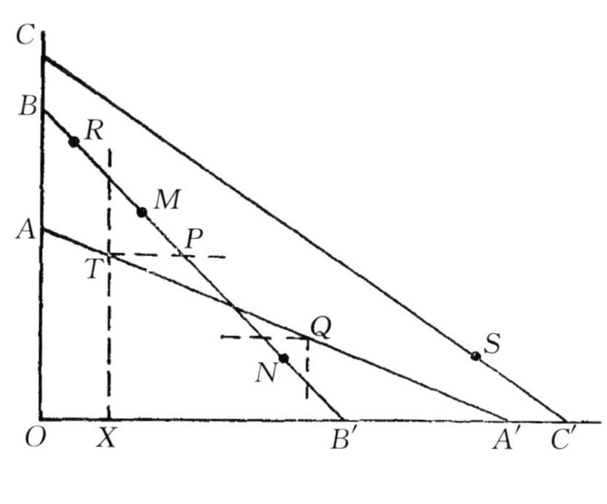

第十二图

另一方面，如果初始情况用 AA' 上的 Q 点表示，新的情况由 N 指出，那么双方都会偏好于初始的状态。因此，这种改变不是很明显的合意，也不是很明显的不合意。

① 在消费上有了外部经济的时候，可以想象效用可能曲线在局部范围内将是斜度向上的，例如，如果 Y 因给予 X 馈赠而得到很多快乐，则他们由于货物从 Y 向 X 移动就都得到了利益。格拉夫先生也指出过，我们依据货物移转对其他经济成员都无差异的条件来画效用可能曲线的时候，由于消费上存在外部不经济，在某些奇怪的场合，就可能产生斜度向上的效用可能曲线。参看格拉夫：《论最适度关税结构》，载《经济研究评论》，1949—1950 年，第 49 页，脚注②。

现在我们可以区别一下提出过的四种判别标准：

(a)帕累托的判别标准：我们如果知道了初始点和改变后的点，就可以应用这个标准。如果有一种改变像从 T 这样的一点移动到 M 点使得双方都有利，它就是一种改进。同样，如果有一种改变像从 Q 这样的一点移动到 N 点，它对社会就是不合意的。在所有其他场合我们不能判断。

(b)柏格森的判别标准：为了应用这个标准，我们对如何看待用图上不同点表示出来的有关个体可能有的一切福利分配，必须有一种详尽的社会估价。这里一般包括了人与人之间的价值比较，它就是最卓越的社会价值判断。这种决定估价的说明叫做社会福利函数[①]，可以用图形上画出的所有无差异曲线表示。只有

① 参看柏格森：《再从若干方面阐述福利经济学》，载《经济学季刊》，1938 年 2 月。大多数作者似乎都赞成规定社会福利函数为

$$W=W(U_1(x_{11},\cdots,x_{1n}),\cdots,U_s(x_{s1},\cdots,x_{sn}));$$

在这一体系中有 s 个个体，n 个货物和劳务，x_{ij} 是第 j 个个体得到第 j 个货物的数量，U_i 是第 i 个个体的偏好函数之一，它的基数形式也像 W 一样是随意性的；举例言之，可参看萨缪尔森：《经济分析基础》，第 221—230 页。(不赞同的意见，可参看廷特纳：《福利经济学释义》，载《经济计量学》杂志，1946 年，他的阐述避免了对这个注释的非难。)

我在这里主要争论的一点当然就是这公式过分简化了，它忽视了实际情况(消费的外部经济)

$$U_i=U_i(x_{11},\cdots,x_{1n},x_{21},\cdots,x_{2n},\cdots,x_i,\cdots,x_{in},\cdots,x_{sn}),$$

这种事实，使我们把福利经济学上某些最有意义的问题给遗漏了。

萨缪尔森对于这种忽略的结果虽有保留意见，但是承认了经济学家们所广泛提议的容许不需要配给额的人们自由售卖，就可以对社会有利(见前引著作，第 171 页)，它的根据是，既然能诱使买卖双方这样做，那么这种自由的交易对双方必然都有利。但这种看法忽略了(我以为很实在的)一种可能性：穷人们在缺少的时候，想到富者能够因此增大他们的配给额是会感到很大的痛苦的，而这样的自由市场一旦建立，穷人们可以卖掉他们的配给额时，他们一定愿意阻碍富人们对这种消费的补充。不是为了同

所论到的改变使无差异曲线从低一些的移动到高一些的，它才是一种改进。要注意，这个判别标准比帕累托的标准更完全，也像它一样，要求我们知道表示改变前后情况的一些实际所在点。但是根据帕累托的判别标准，怎么样也不可能判断出什么是一种合意的福利分配。

(c)卡尔多的判别标准：设以 T 确定初始情况，如果在新的效用可能曲线上存在任何一点 M，使 X 和 Y 都比较以前好些，则这种改变就认为是一种改进。因为如果有这样的任何一点总可能使双方都改变得稍好些，也就是从 T 移动到 M 的改变。卡尔多先生认为从 T 移动到 M 的可能性就证明从 T 变动到 BB' 上的任何点都是一种改进，即使改变到 N 点使 Y 有损失也是一样。这一段论述表示卡尔多的标准暗中假定任何一条效用可能曲线上的一切点都是同等合意的，也就是认为效用可能曲线是社会福利函数的无差异曲线。因为依据帕累托的标准，如果在 BB' 上存在着像 M 这样较 T 优越的任意点，则 BB' 上的其他任意点就必须也比

样的理由也不许富人们对应征兵役买名顶替吗？我以为想到这种论点的人对这种建议所可能有的反应，考虑得都很勉强。再者，这种方案还会使某些人有不顾身体健康的危险，这(在军事准备尤其有高度价值的世界上)还可能有明显的外部不经济。(要注意，单就对本人的影响来讲，我并不是说个人不善于判断怎样去注意自己的健康。)对于里德认为所得的配给优于个别商品配给的意见，也可以同样地加以反对。(《福利经济学与配给》，载《经济学季刊》，1942 年 11 月)因为少数人消费的某种货物可能有外部不经济(例如乳酪和肉食的嗜好者还可能竞买所有蛋白质的食品以致损害别人的健康，它本身就有外部的不经济)。限制某些有直接外部不经济(酒类?)的消费也可能是合意的。这也许就是宁用消费税不用所得税的理由。又参看哈罗逊:《福利经济学与配给》，载《经济学季刊》，1943 年 11 月。

T 优越。[①]

(d)最后我们来谈席托夫斯基的双判断标准；所论到的改变如果有像从点 T 移到点 N 的一种倒转运动，那么依据卡尔多的判别标准，由于 BB' 上有一 M 点比 T 优越，所以从 AA' 到 BB' 的改变就是一种改进。但由于 AA' 上有一 Q 点比 N 优越，所以从 BB' 回到 AA' 的改变也是一种改进。因此依据卡尔多的标准，这种改变及其还原都表示改进了。为了消除这种困难，席托夫斯基建议只有从第一点起发生的改变是依据卡尔多判别标准的改进，同时假如变回去则是依据卡尔多判别标准的不合意时，这种改变才可称为一种改进。因此，如果这种改变，比方说，是从 T 移到 R、则依据席托夫斯基的标准是一种改进，这是由于依据卡尔多标准从 T 移动到 BB' 上的任何一点都是一种改进，但由于 AA' 上的点都不能比在 R 时使 X 和 Y 好些，所以从 R 移动到 AA' 是不合意的。另一方面，我们依据席托夫斯基的双判别标准就不可以判断从 T 移到 N 的运动。如果我们讲到的卡尔多标准所暗含的假设是正确的话，那还不能消除这种困难，因为如果把 AA' 上的一切点作

① 依据卡尔多的标准，对比富人与穷人的补偿能力，就须看因这种改变而得利的是富人还是穷人，来判别同样的改变会是合意的还是不合意的了。这种论点只要假定坐标轴用某种确实的(基数的)效用单位衡量，就可以转换到图形上来说明。在这种场合，功利主义者认为一个人的一单位效用的价值和旁人相等的偏见，会使代表我们社会福利函数的无差异曲线，成为同每个轴都有 45°交角的向下倾斜直线。这就是说，为了使这种改变对社会无差异，X 损失一个效用单位就必须由 Y 正好得到一个效用单位来抵消。原来所得有递减的边际效用就会指出效用可能曲线面向坐标原点的凸出，因此货币从 Y 移转到 X 时所得到的不变效用就必定表示 Y 已损失更大的效用。这样想来，社会福利函数的效用可能曲线同无差异曲线不可能是一样的了，这就表明卡尔多先生暗中把效用可能曲线用作无差异曲线，似乎并不符合通常为人们接受的有关人与人之间的价值判断。

为同等合意的，BB'上的一切点也是同等合意的，那么我们就不可以再说BB'上的点M比AA'上的点T优越，同时也不可以再说AA'上的点Q比BB'上的点N优越。因此，在效用可能曲线彼此相交的时候，使用卡尔多先生的标准就暗含有矛盾；这是因为他把效用可能曲线用作无差异曲线，只要无差异曲线彼此相交就会发生这样的困难。[①]

把卡尔多的标准局限于效用可能曲线彼此不相交的改变，例如从曲线AA'移动到CC'的改变，当然可以消除这种矛盾，但还是回避了基本的困难。因此CC'上的S点对X来说就比R点所表示的处境有了改进，对Y来说就有了退步。如果我们打算考虑我们所想的福利应如何分配的话，很清楚，那只能在S与R之间进行抉择，也就是说，只有采用柏格森的判别标准。[②]

最近利特尔阐述了另外一种判别标准[③]；只有(a)依据卡尔多的判别标准，改变的还原不是改进，(b)认为改变后的福利重分配是合意的，这种改变才是一种改进。换句话说，受损者必不能利诱得利者去反对这种改变，这种改变后的福利分配又必须满足考察者在伦理上的偏见。依据第十二图，如果认为沿效用可能曲线

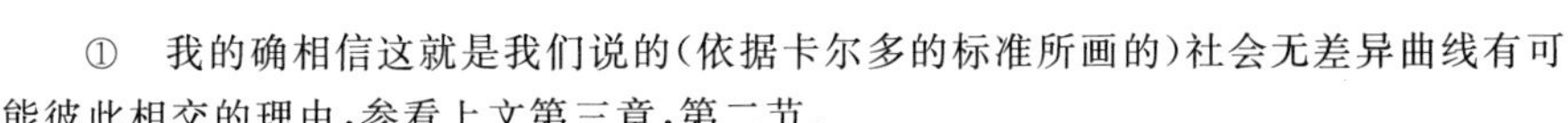

① 我的确相信这就是我们说的(依据卡尔多的标准所画的)社会无差异曲线有可能彼此相交的理由，参看上文第三章，第二节。

② 我基本上反对萨缪尔森于1948年秋天在伦敦经济学院讲演时所提到的第五个判别标准，他说，只有新的效用可能曲线到处都不与旧的相交并在一切点上都位于旧的曲线之上，像上图从AA'到CC'的这种改变，才是一种改进。最近萨缪尔森在《真实国民所得的估计》，载《牛津经济论文》，1950年1月，第10—11页上对这种标准做了书面的讨论，第11页上也提到了某些反对的意见。

③ 利特尔：《福利经济学评论》，附录及第六章、第七章。

AA'从 Q 移到 T 的运动是合意的，则从 Q 到 M 的改变依据利特尔的标准来判别将是一种改进。因为沿一条效用可能曲线移动就是利特尔所指的福利重分配，并可以认为 M 上的福利分配大致同 T 上的分配相类似。再者，M 还居于 AA'之上，因此 AA'上的点对这两人都不比 M 点上的处境好些。因此，受损者绝不能利诱得利者回到 AA'上，也就是说，绝不能回到 Q 上。① 这种标准可以认为是柏格森标准的一种有用的特例，因为正如利特尔所指出②，要在实际上画出完全的社会福利函数或有任何意义的一段，一般是很难想象的。另一方面，要断定一种改变后的福利分配是否合意，似乎还须有一种办法先使其他的办法归于无效。

三

那么我们应该接受哪一个判别标准呢？我们已看出卡尔多先生的确对我们提出了一个在“可容许的改革”的可能性中判别理想的必要标准，就是说必须在付出补偿后还有净益，它意味着集体从完成补偿（如无他法）的变革中确能改善它的处境。因此我们可以说，理想是不能有任何“可容许的改革”的一种处境。

我们还有一项困难的任务，就是要对这些处境进行剖析，因为

---

① 因此用利特尔的判别标准，可以在像点 Q 与 M 之间判断，但不可以在像点 T 与 M 之间判断。卡尔多的判别标准却能在相反的场合适用。但利特尔又讲（比方说），从 T 不是移到 N 而是移到 Q，则社会就可能有较好的收入重分配。这可以不去注意政治上是否行得通的问题。

② 利特尔：《福利经济学评述》，第七章。

绝不能说所指的这些处境都是理想的。对这个问题还没有发现令人满意的答案。最多只可以说这是一个政治问题，只可以由集体采取某种共同决定来解决。这离所要求的答案显然还很远，但我看不出有旁的解答。

我们整个的分析所依据的理想概念既然有了这样软弱的情况，我们该怎样解释我们的全部分析呢？可能有两种不同的解释。一种是假定有办法作出这种政治决定，那就对我们的结论能够发现一种最严谨的解释。这样就可以认为理想概念有了某种毫不含糊的定义，分析下去也没有困难了。但也可能有一种更受限制的解释。我们在讨论中如果把偏离理想解释为设置了"可容许的改革"之后就能够消除一种改变，而这种改变的达到理想就是要设置一种带有补偿的"可容许的改革"，那么，我们所使用的论点并不需要修正。因为后一论点的形式在方法上无懈可击，可能颇受欢迎，但对结果的解释却要十分谨慎，因为这里的理想的含义不完全是我们所希望的。

依据上一节结束时的分析，我曾建议采用帕累托的或者是柏格森的判别标准。我认为其他标准不能令人满意的理由已经谈得很多。我们已经使用的及将要使用的大多数论点都是帕累托的标准。

现在十分明显的是，用帕累托的标准不可以在一切场合都得出很明确的结果，正如萨缪尔森教授所指出①，要是要求我们的建议十分完备，用这种标准就绝不能得出什么结果。因此，如果我们

① 参看萨缪尔森：《福利经济学与国际贸易》，载《美国经济评论》，1938 年；又《基础》，第 249—252 页。

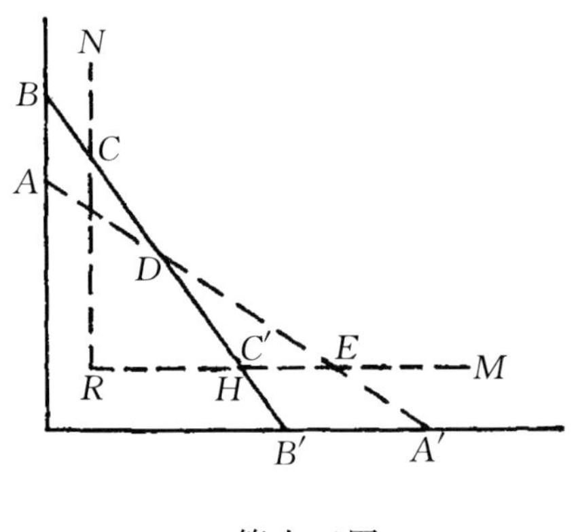

第十三图

在第十三图上画出一个效用可能性的图形，考虑 R 点位于效用可能曲线 BB' 以下，那么，依据帕累托的标准，就显出用（RN 和 RM 分别同 Y 轴、X 轴平行）象限 NRM 在 BB' 上截得的线段 CC' 上的任何点都比 R 点优越，这是由于 CC' 上的任何点都使双方比他们在 R 点上的处境好些。但我们不能保证 BB' 上的其余点都不优于 CC' 上的每一个点，甚至很可能在 BB' 以下还确有一些点优于 CC' 上的一切点。因此假使 Y 是一个臭名远扬的大战犯，我们就不愿使 X 受损失而给予他很多好处。于是可以认为宁取 H 点，纵然这里 Y 的地位比他在 CC' 上的任何地方都差些，但 X 却比他在 CC' 上任何地方的处境都好些。因此单单依据帕累托的标准我们绝不能发现可能有的"最好"点，这样一来，萨缪尔森教授似乎觉得我们用这种标准就不能作出什么建议了。

但我以为这样的极端完全主义是不必要的。在缺乏进一步材料时，只要我们不是故意坑害人，我们当然可以说，在上图所示的情况下，如果我们是处于 R 点，却不肯移动到 CC' 上的某一点，则若非我们当时是在期待更多的情报，我们就是傻子。如果另外有像 AA' 的一条效用可能曲线位于 MRN 象限内的 BB' 线的某一部分的右上方，例如我们修改关税就会得到 AA'，我们当然必须建议从 R 移到 CDE 上的某些地方，或者更一般地讲移动到 MRN 象限内为所有效用可能曲线所包围的一个点上。这就是我们在讨论中用过的一种逼近法。我们如果把像点 R 位于某种效用可能曲线以下的处境确定为非理想，就可以说，在缺乏更好的情报时，理性会要求从点 R 移动到 MRN 象限内的包围在效用可能曲线之间的某一点上来。

第十一章　理想与非理想情况的稳定

一

当偏离了帕累托判别标准的理想时，随时都有可能诱使那些不惜损害集体最大利益的个体来改变他的活动以求缓和他的处境。事实上这就增加了集体的生产力。因为这表示集体的每个成员都不仅可以取得与未改变前同样的份额，还会生产某些剩余。如果这种余额的分配是用一部分来奖励那些为了生产这种剩余而必须改变其活动的人，那么，从实现自动地转变到理想这个角度来看，就是合理的。

既然依据先前的假定，对每一个偏离理想的情况，事实上确有进行这种再调整的可能性，那么，在人们有理性，同时安排补偿的费用又无妨碍的时候．再要说这样的偏离总是消除不了，那就似乎有点荒谬了。

当有关个体很多的时候，没有政府干预也有几种办法可以用来消除对理想的偏离（不过要注意，这都不是纯个人主义的行为）[①]。第一，可能有人或者有一批人打算进行这种改变；但有种

① 参看哈维里莫：《非自愿经济决策论》，载《计量经济学》，1950 年 1 月号。

种理由不能经常采取这种直接的行动，尤其在人数众多而只有少数人自信有足够的号召力时，这种倡议并非在任何场合都能一呼百诺，八方响应。它还有由于组织者估计错误而丧失机会的风险。最后还可能遭到一部分人的抵制，这可能是出于对动机的不信任或对后果缺乏信心，或者还因为：假使诱导旁人照理想行事他们反倒可以通过个人的单独行动而得利。

当某种协调制度还没有建立时，要消除这种非理想的境况是很困难的。这时每一个体都必然各自为政，而一个人改变他所处的客观环境的能力是有限的。

现在我们来研究一种很极端的但未必不现实的情况：假设有一个由很多未按理想行动的个体所组成的大集体，并假定每个人都不利地影响很多其他集体成员的福利。任何这样的个人有什么办法来改进他的处境呢？如果他单独采取理想的行动，结果只会恶化自己的地位。他可以找其他一些个体协商，代价是由他来补偿改革对他们的不利影响，要求他们按照理想来行动，但由于他是一个孤立的个体，这种做法也可能证明对他自身不利，因为集体内旁人的行动对他产生的坏影响不过是总的坏影响中很小的一部分。

让我们把所论到的个体叫做 A，设 B 是行动不利于 A 的某些集体成员。由于假设 B 的行动的不合意后果分散到很多的集体成员身上，A 就像所讲过的那样，可能只受到一小部分的影响。在我们认为 B 的不利行动所产生的一切坏影响在价值上超过他由偏离理想所获利得的时候，A 的损失就未必确是多于 B 的利得。如果 B 的利得的确超过 A 的损失，则 A 就不能够利诱 B 转向一种合乎理想的行动。因此我们必须作出结论说，消除这种一般的不利处境的办法，只能是期待一切有关的个体共同采取一致的行动。

我们现在终于找到这种似是而非的见解的根源：我们已经看到一个由有理性的个体所组成的经济，如何改变一种处境来改进每个人的幸运了。只要组成经济的个体不能很快地达到行动的完全协调，刚才讲的那种情形就会发生。它们的主要特征是个体的经济成员将觉得用单独行动来消除他认为不合意的境况显然对自己不利。在有关的个体没有人在经济中具有优越势力时，尤其会发生这种情形。这种使偏离理想得以保持下去的最低必要条件很容易满足——它不过要求在那些行为不合理想的个体中有一种人的行动产生的坏影响广阔地分散于社会时，没有一个人能以利诱来使他改变。

二

城市的烟尘损害尤其是一个便于说明问题的标准例子，可以简略地重述一下，以指出它怎样地适合这个分析。减轻工厂企业对城市空气的污染往往可以采取各种办法，而采用的这些办法对社会可能有纯粹的好处，值得注意的是经营这些产生烟尘的工厂的企业家假使就住在这个地区，则他们将和别人一样，都遭受到他自己行动的某些坏影响，他们每个人都可以造成自己的不舒服。[①]

① 因此，我认为，如果认为只有社会成员有利害冲突时才会发生社会的和经济的困难，未免有点太欠考虑。“损人者不损己”的想法是行不通的。个体一般是作为社会的成员生活着，有很多事情都是影响了社会整体的福利也就影响了每个成员自己的福利。（参看上文第六章，尤其是第三节和第五节）这种结果很可能使社会遭到许多困难。

但是一个企业家如果在自家厂内采用了减少烟尘的措施，他未必能使旁的企业家也仿效他的例子。他一家冒烟对总的大气污染如果很小，就可能不去注意它的影响。如果有某个体出钱补偿每个有烟害的厂家安置除烟设备，那就等于他自家出钱负担降烟设备的全部费用。因此即使制造烟尘者同时就是居民，也总不能把社会消灭烟尘的事留给组成社会的个体单独地去做。如果认为有消减烟尘的机会并从整个社会看来是值得花用成本的话，那就应当由政府来办了。

三

我们没有理由说一旦达到了理想，个体再也无法改进他的境况，所以也就不会诱导任何人去进行什么改变。诚然，每个人倡导改变对他确有不利，因为这种安排当初是理想的，所有的人都不可能从这样的改变中得到净利。但虽然我们能够很容易地描绘出一种稳定的理想处境，例如实现任何偏离都需要很高的代价，仍不能说这种处境根本不会被破坏。

依据假设，在理想处境下的总福利就是某种意义上的最大值。这一般暗示：如果任何个体增加了福利，那就必然有损于旁人，也就是说，要把现有的能满足欲望的物品加以重分配。这意味着，如果改变分配的活动能够取得成功，追求自利就可能使理想的境况发生偏离。

例如，考虑一个按照金钱财富比例自动分配福利的货币经济。假设每个商品本身的需求弹性小于 1，每个商品的生产者（或售卖者）又可以在其他情形不变下限制产量来增加自己的财富。在这种场合，假使没有什么旁的行业也减产，就值得任何个体限制他产销商品的数量。如果他的商品产量并不是唯一受限制的，那么他的确有在过程中遭受损失的风险，因为要是发生了这样的情形，其结局就是可分配的每一财货总量比以前减少，而集体中不同成员对这些财货的相对需要却未变更。但这种遭受损失的风险也未必就会阻止集体成员不偏离原先的安排。即使他的商品产量毫无限制，也并不预防其他商品限制产量，假使情形是这样，不仅是多数商品的数量有所减少，他本人可得的份额也比以前减少，至少在他还没有限制自己商品产量的时候是这样。在这种场合，任何人如果立即偏离理想的处境，就可以得到暂时的利益，同时把任何不能避免的损失压缩到最小的程度。

当然，一旦发生什么偏离理想的情况，也不会是很稳定的，因为每个集体成员都有可能按原先的安排改变其重分配情况以重新回复到理想从而获得利益。不过这种安排恐怕也不容易做到，而且会不断地遭到破坏。[①]

从每一种非理想的安排到理想的安排，确实可能有让每个集体成员得到净利的时候，但还达不到每个集体成员为之奋斗的、各自心目中的最理想安排时的情况。如果每个集体成员都以为通过自己的行动能够达到从自利的观点看来可能是最好的结果，那他

① 要注意这种情况的特点——这是一种消除偏离的可能趋势，但会不断地遭受破坏，也就是说，是一种不稳定的情况，因此环绕这种情况可能有不断的波动，组织松懈的托拉斯，一再成立而又破坏的历史就充分说明了这一点。参看马斯格雷夫：《公共经济的自愿交换理论》，载《经济学季刊》，1939 年 2 月，第 219 页，脚注⑤。

就要这样做，在刚才设想的条件下，至少对于某些集体成员来说这意味着要求理想安排而造成的一种偏离。

我们已想到不完全稳定的理想安排。但也可能想出理想境况稳定的例子。我要研究简单地修改上举事例而得到的（特别有趣的）两个例子。

首先让我们考虑每个集体成员都有以下的预期：他自己的商品生产仍保持原状不加限制，其他每种商品也都一样。但如果他自己的商品限制了生产，则其他每个商品差不多也都同时限制生产，而这种限制的比例仍维持原先货币收入的分配不变。这样一来，任何个体显然没有兴趣限制产量，因为其结果不过是使他在削减了的商品的数量中得到和原先同比例的份额。由于在这个简化的例子中假定可以改变现有安排的唯一办法，只能是限制产量，因此显然它是稳定的理想境况。

值得注意的是，处境的稳定是同预期的性质有关系的。如果某一个体预期自己的决定不大会影响其他的经济成员，则境况就会不稳定。另一方面，预期其他集体成员肯定会作出反应，而且它还具有一种等于报复或施加经济制裁的性质，那就会是稳定的。再者，其他集体成员为了保护自己免受他人掠夺从而对理想产生了模仿性的偏离，也会有效地（和自动地）形成这种制裁，这是因为个体偏离理想只有成功地影响到对他有利的财富重分配时才可能获利。如果旁人也仿效并成功地阻止了财富的重分配，阻止了偏离理想，那么首先制造偏离的个体一定是遭到损失的一个人。

对上述不稳定的例子略加修改即可得到第二个稳定理想的例

子。假使每种商品的生产在集体成员之间过于分散，因而有意识的限制产量实际上办不到，则每一个体只好照理想行动，事实上除此以外，没有别的选择。从这里可以推断：如果每一个体不能单独地显著影响分配的安排，以致难于按照有利条件制造有效的偏离，那么合作的安排就会是稳定的。

理想安排的稳定和不稳定这两方面的实例，在实际生活中都可以找到。我们想起垄断性的或者准垄断性的共谋协议，从参加的企业家观点看（在达到最大总利润的意义上），可能是一种理想的合作安排，其中赢利均分同盟是不稳定的，其他卡特尔协议也提供了不稳定理想境况的例子——在有关本题的文献上都有这类记载[①]。厂商的产量面对倒转形的需求曲线唯恐受到领先变动价格的经济制裁[②]，就是卡特尔协议稳定的理由。

另一方面，可以令人怀疑的是，当整个社会是以合作方式运行其经济的时候，个体相对地无力影响分配的安排，这比自动制裁更会产生稳定的因素[③]。这种制裁，只有政府的政策有意识地加以运用，似乎才能在很大的集体中收到成效。我所以怀疑在大集体中自动应用制裁能否有效的理由是，依照定义，只有在个体偏离了要求于他的行动时才必须应用制裁。如果个体起不到显著的作

① 参看里普利：《托拉斯、赢利均分同盟与股份公司》，林奇：《经济权的集中》中的例子。在国民经济临时委员会的证词里都常有这类记载。

② 在需求曲线是倒转形的情况下，降低价格反会减少销量，造成损失。——译者

③ 可以把某些原始社会经济安排的稳定归因于习惯，习惯的影响可以解释为非理性的因素，也可以解释为理性上偏好保守。关于原始经济的一些有趣的例子，可参看（米特编）《原始人的合作与竞争》。

用，那就很难设想他细微的改变行动将会引起显著的反应，除非是作为政府有意识地施行政策的结果。[①]

① 要注意，我们是通篇按照旧式的非动态的意义来使用稳定这个名词的——参看萨缪尔森：《经济分析基础》，第九章。由于一旦有了一定的偏离处境，我们在这里主要关心的并非理想会不会重建的问题，所以目前的分析显然不宜用动态研究法（动态的分析显然也适用于这种问题）。我们想要知道的倒是一旦达到了一种处境，是否有什么动机或趋势使它发生偏离。

第十二章　经济理论与国家学说

一

我们现在预备把我们的讨论总结为一种国家经济学说的纲要。要是把我们的讨论归结为一种国家理性行为学说，而不是完整的国家学说，或许更为恰当；因为我们很少关心政府在特定场合能具体做些什么，也绝没有考虑到国家在伦理上该做些什么。多数的讨论毋宁说是一种境况的分析，分析政府在这种境况下，采取某种行动可证明是能够帮助所管辖的人民达到其自身的目的的。这就暗示扩大政府某种权限虽则看来是限制了人民的选择和决定，但不一定对人民就有不利的影响，尽管在没有这种限制时人人都有可能在这种境况下进行对自己最有利的自由活动。

通过第一篇所表述的各种问题的分析，这种论点的一般轮廓应该已经清楚了。在各种经济成员的福利部分地决定于别人的行动的那些场合，人们追求自己眼前的利益就可能与旁人的利益发生矛盾。这类情况发展到相当普遍时，经济成员们就有可能发觉他们都是在忙于从事挫折别人愿望的活动。在这种情势下，限制他们的行动以免发生这类情况，是对彼此都有好处的。也可能有这样的情况，有某种行动对每个人的害处都很大，其危害之大，使得他们可能完全自发地采取措施，从而全体都能免受其害。在无法依靠这种自发措施的时候，采取强制措施来限制经济成员的行动就对他们有利了。

上面这种结论确实是纯粹的语意重复，而如在更具体的条件下加以考虑，恐怕就要变成更难以想象的空话了。很难看得出强制如何能够改进处境，因为这里所指的改进，必须为受到它影响的个体所乐于接受。如果强迫行动只用于该集体的某些成员，还容易看出其余成员的改进情况。但如强迫行动用于该集体的每个成员，尤其是如果个个都因此而被迫修改其行动，那么这种改进就不是那样明显了。

然而我们也指出了有一些想得到的境况，使每人都认为正是这种改变的结果使自己好起来了。应当注意到这一点对于政府学说有根本的重要性，因为在政府的概念中所规定的政治权力就含有强制因素在内。如果刚才的说法是不真实的，那么任何实际的所有人或多数人必须遵从的、有关改变现状的立法必定对他们不利，以致完全合乎理性的民主秩序必定是一种无政府状态。

常有一种很迷惑人的说法，一个有理性的个体总是进行最能增进自己利益的活动，因此对他活动的任何强制修改必定对他不利；这种说法在立论比较放肆的消费者主权论的讨论中也偶尔会遇到。然而，对于一个人的活动要么限制要么不限制，这种各趋极端的说法的确是错误的。本来这里所讲的限制活动一般是指在某时期内限制几个个体的活动而已。排除这种限制与不限制的各趋极端的看法，考虑下面三种较明确的说法，就可以帮助我们对这种情况的特点看得更为清楚：

(1)不限制任何个体的活动，

(2)同时限制每个个体的活动，

(3)同时限制除一个以外的每个个体的活动。

大概这个除外的个体（至少依据人情的理由）通常会喜欢情况(3)而不喜欢情况(2)，但一般说来，情况(3)所代表的可能性并不是对他的，所以通常人们在暗中考虑的这两种选择，也就是说在(2)与(3)，限制与不限制之间的选择是不现实的。而在情况(1)与(2)之间选择的人们才是现实的。但在这两种选择之中哪一种较为合意，要随情况的不同而有所不同。因此假如在其他集体成员的行为明显地有损于一个人的福利时，其他成员也能被迫罢休，他就值得去服从强制的安排，而不去加害于其他的集体成员。

本书第一篇的分析应该已经指出了这个讨论可以应用的不同场合，我们顺便还可以提到古典作家所列举的政府正当职能，只要消去专断的意味，就很切合于这种框框。

为了把他们的论点表达得更明确，对于他们的某些说法就须这样地表述，它似乎暗示出民主政府的经济立法可能是，还必须常常是，有利于所有的社会成员。这种印象显然不是我们想象的。在讨论理想的意义时，就应该已经说清楚了，政府的每一决策都包含分配社会利益的这种重要的问题在内。因为政府无论是出于有意还是出于权宜的要求，当其着手任何行动使既定的总利益的分配有了改变时，必定会损害一些人。即使这一改变是为了消除对理想的偏离，从而使人人的处境不比以前差，这样做，实际上既不可能，也没有可接受的变革标准。因此，虽有可能消除某种对垄断的限制从而有利于一切社会成员的办法，但政府还宁肯找机会去削减垄断者的收入。同样，理论上可以设想削减关税不会对有关的任何人有什么不利，但实际上不能这样做，因为受影响的人可能那样地众多、所加的影响又那样地难于估计，因此就有必要实施一种与分配效果无抵触的办法。

二

我记得哈罗德先生曾在某个地方提到，经济理论命题是"根据学者潜心钻研经济思想史"而确立的。在经济学成为一种比较特殊和相当独立的学科以前，已有许多作者讨论过国家与经济的关系了。无怪有些早期的作者不仅表达了很像这篇论文中所有的论点，而且还制定了确实无误的名词以区别社会成本与私人成本、社会利益与私人利益以及它们同福利理论的联系。在这种关系上，特别值得注意的，是我们即将看到的萨伊、穆勒和西奇威克的著作。

这些早期的讨论大部分还未引起人们的重视，同时对它的意义也缺乏足够的了解。作者们，有时甚至包括这样一些作者——他们曾在自己的著作中考虑到这些想法——仍旧把很类似这里所论到的分析弄错或删掉，这就可能起了阻碍的作用。他们似乎并未认识到这些早期论点在政策问题上的全部意义。但是闲来的好奇心可以引起研究早期有关这个问题的讨论的兴趣，这就是我即

将论述的[①]

我并不想在下文中通盘地考虑这些文献。我没有全面地研究过十九世纪以前的文献，对于许多讨论中所表达的意见，凡是在我看来既不是创新，也不是我认为特别令人感兴趣的，就一概不提。我也不打算全面地细谈浩如烟海的论述财政问题的德文文献，虽然查阅的德文著作甚至超过了英文和法文的数量。由于我不通意大利文，因而未能参考意大利文的著作。但无论如何我总想提供一些足资玩味不乏精义的一得之见，请少安毋躁，拭目以待。

三

麦克库洛赫提到配第的《赋税论》是“政治经济学分论中早期最出色的一篇论文”。[②] 配第在那里首先提出了国家职能的项目，这些项目都是需要公共经费的。[③] 这在十九世纪早期著作中很多都稍加修改而重复地引用过。他把这些职能概括为军事职能、司法行政、宗教和别种教育、救济贫穷、残废和失业、维修公路、桥梁、运河、沟渠、港口及其他有益于一般福利的项目。他对这许多项目的讨论都很扼要，例如说私人办学录取学生会有不依才能而依资力的缺点。值得注意的是，他还为以公共经费来办宗教教育进行

---

① 参照罗宾斯(最近即将出版)：《英国古典政治经济学中的经济政策理论》，尤其是第二讲。

② 麦克库洛赫：《政治经济学文献》，第 318 页。

③ 配第：《赋税论》，第一章。

辩护，理由是它有助于减少违法和犯罪，[①]要是进一步分析，就可以看出这一观点等于是相信资助宗教教育所得的社会利益超过资助民办所能得到的利益。

配第的功绩在于列举政府职能的终结时，发表了一番恰如其分的议论：

“我们还可以想到其他项目。但是我想让别人去说明它们，或提出更多的项目，这里不谈了。因为，就我的目的来说，目前列举这些主要而又最显著的项目就已够了。”[②]

亚当·斯密并没有提出类似的政府职能项目，但在所著《国富论》第五篇中一般地讨论财政以前，对此也作出了非常简明的概述：

“一切特惠或限制制度一经完全废除，则简单明了的天然自由制度就自然而然地自己树立起来。每个人只要不破坏法律，就让他完全有自由用自己的方法自行谋利，并运用他的勤劳和资本同任何别人或其他阶级相竞争。监督私人产业，以及指导它最适合于社会利益的职务，当权者应当完全解除。因为这种职务在履行时，极易陷于迷惘，同时要想行之得当，也不是人类的智慧或知识所能胜任的。依据天然自由的制度，当权者只要尽到三种职责，这

① 这个论点可以与四十来年以后孟迪维尔所持（仅可看作一件怪事）的观点相对照，他论及义务学校时讲到：

“我承认我感到一切艰苦的工作在一个治理有方的国家内应该是穷人的本分，不让他们的儿童在十四五岁以前从事有用的劳动，就是让他们长大时做苦工的错误办法。”（对“致大法官一封骂人信”的答复，见《蜜蜂的寓言》第三版（1924 年）及以后各版中的补遗。）

② 配第，前引书，第一章最后一段。

三种职责的确很重要，但普通不容易理解到：第一是保护社会不受另外社会的破坏和侵犯的职责；第二是尽可能地保护每个社会成员不受其他成员的侵害或压迫的职责，或者说是建立一种严格的司法行政的职责；第三是维修某些公共工程和公共设施的职责，这种工程和设施的利润，由大社会经营时，虽常足补偿所费而有余，但若由个人或少数人经营，就绝不能补偿所费，所以它的建设和维持，就绝不是个人或少数人的谋利行为所能办到。”[①]

上述斯密的项目在实质上与配第的项目一样，也包括了对军事、司法行政、宗教的和一般的教育以及公共工程等开支的讨论。斯密认为像公路之类的许多公共工程，在一定程度上也包括教育在内，应该是自己维持的，由使用的人（如可以计算）或多或少地按照使用的比例来维持。[②] 在政府的事务中，斯密以为最不便于由直接关系人来付款使用的，可能是司法行政，因为这种付款后才能使用的办法可能产生明显的弊端[③]。

在经济论著中最初想要对政府的正当职能作一般系统阐述的可能是斯托克写的那一篇文章。值得注意的是，这篇著作[④]是由俄国的一个沙皇让其兄弟转请他写的，后来他们兄弟中有一人也升上了皇位。斯托克在绪论中讨论到他所认为的国家正当职务时写道：

---

① 《国富论》，第四篇，第九章。

② 上引书，第四篇，第一章，第三部分。关于边沁的意见，可参看卫纳：《边沁和穆勒的功利主义背景》，载《美国经济评论》，1949 年 3 月，尤其是第 365—371 页。

③ 上引书，第五篇，第一章，第二部分。

④ 斯托克：《政治经济学教程》，第二版，巴黎，1823 年。

“国家的目的必须是对它的全体公民都产生利益，要是做不到，则国家对于那些既无动机也无道德义务去维护它的那部分人，就会是无用的。

“……国家的目的必须是只有国家才能达到的，也就是说，只有在最高权力之下联合一切公民才能达到的。如果公民的个人努力或其任何特定集体的努力足以达到其目的，则国家就会是无用的。

“……满足所有这些要求的只有一个〔目的〕。那就是安全……保障〔公民〕原有的和后得的权利。因为一切公民都有这些权利，因此特定个人的权利就受到所有别人权利的限制；所以要是一个人不侵犯任何别人的同样权利，则每个人都有权自由处理其自身及财产。要想保证每个公民都有这些权利，就要求有足够强大的力量去抵抗所有那些……企图破坏的人，除了公民的联合体之外，就不会有这种力量。”①

斯托克并没有深入阐述这个问题。有趣的倒是萨伊本人从以上分析中得到了启发，对政府的职务作了相当仔细的分析。虽然萨伊所作的脚注对斯托克的著作大加批评，而麦克库洛赫认为他“写作的态度很自负并有优越感，同样犯张冠李戴、荒唐可笑的毛病”②，尽管如此，萨伊还是无条件地赞同斯托克的见解：

① 斯托克：“政治经济学教程”，第一卷，第3—4页。参看柯尔：《政治理论与经济理论的关系》，第四章，内有现代的类似见解。

② 麦克库洛赫：《政治经济学文献》，第23—24页，他在那里也指出：“1824年斯托克在巴黎出版了一本补编，名叫《论国民收入的性质》……他在序言中提到萨伊时语含讥刺……”。

“著名的边沁把民刑法的合法性建立在它的功用上……斯托克也把政权的合法性建立在同样的功用原则上，引起了一个大革新。他曾提出，作为法律的基础，不应建立在神权那样的模糊而有争论的学说上，而应建立在一种有生命力的原则上，这种原则必须在常识上讲得通，并且有易于证明的事实作依据……”①

萨伊在他自己的著作中，也联系财政问题的分析来考虑政府的职能。但他与斯密不同，对问题的各个更一般的方面进行了深入细致的研究。他对斯托克的建议作了详尽的发挥，在这过程中几次接近于现代的论点，即以私人利得与社会利得之间发生差异为议论的基础：

“要了解公共开支，就必须很好地熟悉社会的需要。个人和家庭的需要产生私人消费，除此以外，社会上的人还有一些共同欲望，只有组成社会的一切个人经过合作的努力才能满足这些欲望。在目前，只有通过政府形式的组织，在所允许的限度内命令一切人服从，才能得到这种合作的努力。

“当这种合作在一切场合都有益而必不可少时，它对社会才是必要的；要是政府从社会成员那里强征一部分自由②和财富，则一切人因此而得到的福利会使他们愿意支持，这种强征，并不会对政府成立后加在他们身上的牺牲有所抱怨。”③

他在考虑那些促进交通和运输的公共工程时写道：

“……人们采用语言和文字作为彼此了解的手段，假如没有办

① 前引斯托克的著作，第6页，脚注。

② 即对社会成员的活动强加一些限制。——译者

③ 萨伊：《实用政治经济学教程》，第三版，第七篇，第十四章。

法能生活在一起也是徒劳的……社会交往的结果使人能制造产品，在生产上采用适当的分工……他需要运输……他的大部分产品并非在消费地附近生产的。

“交通运输的物质工具因而具有莫大的重要性，也产生了促进其发展的社会兴趣。可以说一个国家的文明程度只与其所有的交通工具成比例……①

“在我看来，英国人有些过分地认为，如果一个公用建筑、桥梁、运河、船坞等的收入不足以抵偿利息和维持费用，就不值得建设。从这里产生一种偏见，它不赞成不能吸引私人资本、而要求使用公家基金的公共建设……

“如果借口公共工程的利息和维持费用应由使用人支付，也就是说采用某种使用费的办法，那就会阻止若干人去使用它，夺去若干人因这种使用而产生的许多间接利益……也就是说，夺取整个国家建设的主要价值。”②

稍后一些他又说：

“很多其他的公共建设也可以根据一般效用的理由而认为是正当的……有些工程，即使其所产生的利益对每个消费者来说是影响太小，使他不容易看出，因而不愿付出代价；但与此同时，这些工程却对很多人有莫大的影响，他们可能从中获得的享受，总起来构成了很大的公共利益，对于这样的工程，其费用应由整个社会偿付。”③

① 萨伊：《实用政治经济学教程》，第三版，第七篇，第二十三章，第302页。

② 前引书，第七篇，第304—305页。

③ 前引书，第七篇，第二十五章。

萨伊大胆地详细列举了政府的种种正当职能之后，又提出了一系列很类似配第和斯密的职能项目，在列举项目的过程中，出现了刚才所引述的公共工程的讨论。他也把同样的推理应用到其他公共事业的范围内，竭力主张教育公办，其理由是：对个人的教育也有利于整个社会，并不只是有利于受教育者本人。[①] 他主张公家应该资助技术的研究和实验。也出于同样的理由。[②]

巴师夏抱有下面一些不同的看法，并不令人感到意外：

"当一种欲望具有那样普遍和一致的特征，使人们能称它为公共的欲望时，就便于那些形成这种集聚（不论是地区、省份或国家）的人们采取集体行动或选出有权力的代表来满足这种欲望。"[③]

他以下的保留意见几乎到现代还是正确的：

"一旦对某种欲望的满足成为公共事务的课题，就在很大程度上限制了个人的自由和责任。个人不再是只靠自己的地位、财力、手段和伦理评价等自由地去独自满足这种欲望了，也不再是按货按时自行选购了……假设他正需要面包充饥，而提供他并不急需的教育或看戏等，就可能把他那么迫切需要的面包克扣掉一部分。"[④]

他做出结论说：

"我肯定当政府单独采取强力干涉行动时，只有在这种强力干

① 萨伊：《实用政治经济学教程》，第三版，第二十七章，第二十八章。再参看麦考利1847年4月19日在下议院的讲演。

② 前引书，第二十九章。

③ 巴师夏：《经济协调论》（斯托林译本），第二篇，第109页。着重点都是原书作者加的。

④ 巴师夏：《经济协调论》（斯托林译本），第二篇，第115页。

涉本身是合法的时候，它的行动才是合法的。

“所以，如果强力使用得合法，它就不仅不牺牲自由，反而使自由更受到尊重……

“在什么场合使用强力才算合法呢？一种场合，我以为只有一种场合——合法自卫的场合。如果情形是这样，那么这种政府的基础以及它的合法权限就都同样巩固了。”①

但是，他似乎觉得这样讲还不够，因此又接着往下说：

“政府还有别的使命。

“一切国家都有一定量的公共财产为公民所共同享受——如河流、森林、公路。可惜在另一方面还有债务。管理这种公有领域内积极的和消极的工作就是政府的职责。”②

麦克库洛赫用相当的篇幅考察他所认为的政府的正当职责，③一般说来，他对某些人主张是特征的部分的论述，还显得有些粗糙。但无论如何他肯定没有受到萨伊论点的多大影响。因此，他是赞成公办教育，尤其是普及义务教育的，虽然他也曾遗憾地说：这就“很少有理由希望办这种教育了”。④ 这主要是因为他相信让穷人受教育是一种恩施，并非对社会整体还可能有什么利益。⑤

① 巴师夏：《经济协调论》（斯托林译本），第二篇，第 121 页。

② 前引书，第 123 页。

③ 麦克库洛赫：《政治经济学原理》，第四版，第一篇，第十章；第三篇，第三、第四章。

④ 前引书，第三篇，第四章。无论如何要参看第 122—124 页上很值得注意的一节，他在这里把居民的“熟练、技巧和才智”列为国家的资本，以这些理由来提倡更普遍的教育。

⑤ 麦克库洛赫：《政治经济学原理》，第 477 页。

他觉得:"也许除去邮递业务这一项以外,政府再没有哪个产业部门不好让给私人经营",又以为:

"政府拨款经营那些在私人手中失败了的事业或者是私人不愿从事的事业,都应该非常谨慎。这样的拨款比对政党的奖励好不了多少;几乎总是不生利地花费掉。"①

穆勒在所著《政治经济学原理》中对这个问题做了更深入的研究,大大超过他的任何前辈。他一开始就声明他是信仰放任主义的,但在使用放任原则上他也似乎忽略了萨伊的好多分析。他赞成政府主办公路的论点是,由私人经营公路常常含有垄断权;②他拥护普及义务教育是根据公平的观点,因为穆勒也像麦克库洛赫一样,觉得应该给穷人受教育的机会③。在这两个问题上,他似乎都没有看出社会利益有可能超过私人收获的这种关联性。在标题为"公家干涉可能有必要影响到受益人愿望的一些情况"一节里,他的分析就像这里讲的一样,使我觉得应当长篇引述。但要记得,从刚才所谈到的来看,穆勒似乎并未理解到他自己分析的全部意义。

他讨论了他所认为的放任原则正确性的例外,并且提到受统治者方面有见闻不全的情况,其中包括儿童和精神病患者的情况,永久性契约的情况(穆勒在这里说私人的长期期望特别靠不住,这也没有抓住问题的要点),以及(联合股份公司)代表权限的情况,然后,他写道:

"我特别要求注意到第四个例外,在我看来,它似乎是一个还

---

① 麦克库洛赫:《政治经济学原理》,第 298 页。

② 穆勒:《政治经济学原理》,第五篇,第十一章,第十一节。

③ 上引书,第八节。

未引起政治经济学者足够注意的情况。有一些事情是需要法律去干涉的，这并非否定个人对自身利益的判断，而是要使这种判断实现；要实现这种判断，他们就须采取一致的行动，而一致行动又除了得到法律的承认并受到法律的制裁不能生效……我们假定——不管这假定是不是事实，至少是可以假设的——工厂劳动时间普遍减少，比方说从十小时减到九小时，这有利于劳动人民，因为他们劳动九小时所得的工资同劳动十小时一样或几乎一样。结果如果是这样，并且工人们也确信应当这样做的话，也许就有人说，那将会自发地采取这种限度了。我的答复是，除非工人集体彼此约束起来遵守，不然还是不会采取的。一个拒绝超过九小时工作的工人，当还有别人作十小时工作的时候，他如不肯完全失业，就得甘愿损失十分之一的工资才能就业。所以不管他怎样确信缩短工作时间可以有利于工人阶级，若非保证所有的或大多数的别人都愿效法，他树立这种榜样对自己是不利的。但假使整个工人阶级有了一般的协议，难道没有法律制裁就不会生效吗？除非舆论也像法律那样具有严厉的强制执行的力量，不然是不会生效的。因为尽管遵守规定会对阶级集体有利，每一个人的眼前利益仍会破坏它，而且严守规则的人数越多，个人不守规则所获得的利益就越大。如果差不多一切的人都限定自己做工九小时，则那些选择做十小时工作的人就会得到这种限制的一切好处，加上违反限制的利益；他们会以九小时的工作获取十小时工资，另加一小时的额外工资。我承认，如果大多数的人都坚持九小时工作制，就不会产生什么害处：主要是整个阶级得到利益，而那些宁愿多做多得的个人也有这样做的机会。这自然是一种我们所希望得到的局面，假定

可能实现减少工作时间而并不减少工资，同时还不致把该商品排斥于某些市场之外——这是在每一特定情况下的事实问题，而不是原理的问题——实现这种结果最为合意的方式应该是暗中改变一般的商业习惯，自发地普遍实行缩短工作时间，而那些宁愿不遵守的人们也有他最充分的自由。然而，也许有许多人宁愿以较好的条件工作十小时，使这种限制无法普遍实行：当有些人选择这样做时，其他的人立即会迫于需要也这样做，那些为了增加工资而选择长的工时的人们，最后会被迫延长工时，工资却并不比以前高。假定工作九小时正是每人的利益，并能保证所有的别人都会这样做，还不见得一定能达到这种目的，只有把他们所想象的相互协议转变为有处罚性的协定，并一致承认它有法律的强制性，才能办到……

“个人最能判断自己利益的这个原则，正如那些反对（这原则）的人所理解的那样，应当证明政府不应当履行任何公认为职责——事实上就是说政府根本无须存在。人们彼此不抢不骗是社会集体的也是个人的最大利益，但并不是说根本不需要以法律来惩罚强盗和骗子；因为，人人不干抢骗的勾当虽然是每个人的利益，但当一个人放任一切别人来抢他骗他，而他却不去抢骗别人，那就不利于他自己了。刑法之所以终于还存在，其主要理由就在于此，因为某种行为即使一致认为是普遍的利益，但并非总能使坚持这种行为成为人民中每一个人的利益。”①

① 穆勒：《政治经济学原理》，第十二节。卫纳教授评论说，这是十八世纪通行的学说。在台办会有普遍利益，但要求有很大的规模，而非个人契约所能做到的场合，就得强调需要共同条例和有最高组织能力的政府。参看卫纳的《国际贸易理论研究》，第98—101页。

四

在德文著作中，对国家确定了特出的任务。李斯特部分地曲解了赞成放任主义者所提出的主张，并借以展开对放任主义的攻击。他的论点，虽然绝非完全不正确，但因这种曲解而受到很大的损伤。实际上，他有一些争论很符合古典主义的观点：

“难道在私人经济中认为值得做的，也就是在国家经济中值得做的吗？难道关于涉及民族和国家性质的问题，如关于后代需求的考虑，也是包括在个人性质之内的吗？……诸如保卫国家、维持公共治安以及其他许许多多数不清的任务，只有借助整个社会的力量才能完成，当个人促进他的私人经济时，他能进一步考虑这些问题吗？国家难道不应该为这些目的而要求限制个人的自由吗？

“再者，一个个人知道得最清楚的只是他自己的利益，他所竭力要促进的也就是这一点，但并不等于说，由他自行设法，他一定总会促进社会利益……强盗、贼、私贩、骗子……对于他们自己的事也是极端关怀的，但并不能因此得出结论说，这些人的个人活动受到最少的约束时，社会就会处于至善至美的境地。

“但是放任主义者也许要提出答辩，说‘我们所提到的……并非私人经济中那些有益无害的事业；国家对这些是无权加以限制的’。当然不应限制……但就世界一般贸易来说确是有益无害的事业，就国家的国内贸易来说却可能成为有害的事业，反过来说也是如此……当和平时期，从世界主义观点来看，商船私掠是非法活动；但是在战争中，政府却赞助这种活动……

"……放任主义者说：一国的财富不过是国内一切个人财富的综合，要谈到刺激生产，累积财富，在这一点上各个人的个人利益要比国家的一切规定有力量得多，因此得出结论说，对于各个人累积财富的活动，如果听其自然，不加干预，国内工业就能获得最大发展。"①

然而，德国理论家们恢复对国家学说的重视似乎主要是从瓦格纳开始的②，德国学派跟他一起根据个人欲望与社会欲望的区别，来寻求判断国家活动的正当性以及国家正当活动的特征等。萨克斯③对此提出了比较含混的论点，他根据一种欲望能不能为一切社会成员所共有来加以分辨。在人人都企望某种货物或劳务的时候，政府就可以供应它而不侵犯每人的选择自由。当然，这种说法本身并不能作为扩大政府活动的理由，因为让私人工业来供应这种货物或劳务或许还会更便当些。

---

① 李斯特：《政治经济学的国民体系》，第十四章。（译者注：原文误为第四章，已更正。中译文引用商务印书馆 1961 年译本。）

② 例如克郎瓦特就是这样讲的。参看他编著的《国民经济学教程》，第三版，第 247 页。关于瓦格纳的意见，可参看他的《财政学》，第一卷。

③ 萨克斯：《国营经济的理论基础》，第 29—32 节。因为萨克斯的讲法很含糊，我对于他的解释是有些疑虑的。萨克斯有时似乎说社会欲望起因于某种"集体意识"，有时又似乎在说当若干人的愿望可以同时用单一的动作达成时就发生社会欲望，但魏克塞尔（在所著《理论财政学研究》中）似乎采用了本书正文中的解释。所有以上的说法可以认为都包括在马斯格雷夫所谓的《公经济的自愿交易学说》之中（参阅他以本题所写的文章，载《经济学季刊》，1939 年 2 月）萨克斯、魏克塞尔、林达尔、马可等人对此所做的发挥都不过是叙述政府的举动而不是对它的标准分析（例如，可参看马可：《公共财政的初步原理》，第 37 页）。他们的论点大致是说政府在事实上的确生产了公众所企望而不能从私人来源得到的东西。这种分析似乎并未了解到政府有强制的任务。但是要注意，至少马可很明白集体欲望只有根据构成社会的个人的愿望才有意义（前引书，第 38 页）。

其他的经济学者，像科恩那样，为了弥补这种空隙，倡议了一种较明确的区别。他们说，一个国家的欲望与其居民的欲望比较起来很不相同，可能更为重要，所以应当由国家供应。私人企业供应个人的需要不会照顾到国家的需要，因为私人企业并非与任何特定个人的需要都有联系，而在一个完全未加管理的经济中，他们也不会从事那些无金钱报酬的服务。

"在发展欲望方面，国家有较个人私有经济优越合理的特点……从国家固有的本性来看，作为一个整体的需求是经过了一段澄清的过程的，或者也可说是理智考虑的结果。食物、饮料、衣着、房舍、娱乐、社会交际等——这些主要是由私经济满足的原始欲望；和平、秩序、安全、文化、救济等——这些主要是由公经济服务的较高需要。"①

温格尔在最近的一篇文章②中指出，上述德国学派③对个人欲望与社会（集体）欲望的区分，绝没有得到较确切的论据，他的论据是所论到的欲望能不能便于个别地来满足，或者像在建设公共工程的场合，好多个人的欲望是不是最便于同时来服务。

德国学派对于外部经济的论点似乎丝毫未加注意，虽然在特殊的场合的确是提到了。科恩实际上怀疑公共教育有外部经济的论点的正确性④，另一方面，瓦格纳则指出普遍的军事训练可以无

① 科恩：《财政科学》，凡勃仑译本，第73页。

② 《个人欲望与集体欲望》，载《政治经济学杂志》，1948年，第22页，脚注。

③ 参看上文第六章，第五节。再参看卡塞尔：《社会经济学理论》，麦卡布译本，第66—72页；迪金森：《社会主义经济学》，第34—35页，第51—60页。

④ 前引书，第140—141页。

差别地在国民健康和品格的建树方面产生利益，并有利于经济的发展。①

五

用法语、意大利语和英语写作的著作家，随同杰文斯的革命在实证哲学的影响下，都摆脱了伦理标准的讨论。一般说来，对国家的职责的讨论，局限于作者想象中的做法，这种分析并不符合新近的研究法。在论财政的著作中已不讨论国家的职能，而变为只探讨实施这些职能时怎样才能抵偿它的成本。②

福利经济学在某种程度上接受了分析政府经济职能的工作。福利经济学的探讨基本上还是很不完整的，其结果证明了福利理论的方法要比它的结论更适合我们目前的讨论。自然，这正是本书先前几章中讨论的一个重点，福利理论似乎在这范围内联系到我们的目标。

然而在新古典主义的时期，我还找到一本著作，它对我们的一般问题，尤其是庇古的问题都有深透的讨论，要是没有其他的理由，就只因为它的贡献未被重视，因而值得在这里加以考虑。这本书就是西奇威克：《政治经济学原理》第三篇中的有关分析。

西奇威克在书中一开始就论到了赞成“天然的自由制度”，也

① 卡塞尔：《社会经济学理论》，法文版，第 86 页。

② 例如，可参看庇古：《财政研究》，道尔顿：《财政学原理》。即使如下的著作——希拉斯的《财政学》、巴斯塔布尔的《财政论》和叶泽的《财政学与财政立法教程》，在讨论开支的时候，一般都倾向于叙述而不谈标准。

就是普遍放任主义的标准论点。他同穆勒和萨伊不一样，他觉得这些论点理由不充足，但他已充分理解其意义。例如下面一段引文几乎完全说明了庇古区分私人生产与社会生产的论点：

“在上述一般的议论中，暗中假设了个人通过自由交换，就把他所能贡献于社会的劳务，总可以取得足够的报酬。但假定经常有这样的可能性，也是缺乏一般根据的，事实上，在各种不同的场合，这种假定还可能是非常错误的。首先，有些公用事业，就其性质看来，实际上不能为生产者所专有，也不能为愿购者所专有。譬如，很容易看出，一个位置很好的灯塔，使航轮享受了很大的利益，但却不便收什么使用费。再如，一个国家保有森林而获得经济利益，也是这样，因为它的利益在于调节雨量，而私人企业却无意提供它；这是由于没有人可以专有和出售气候的改进。”①

西奇威克看到下述原理可应用的场合，要比今日实际应用的场合广泛得多：

“另一方面，私人企业有时候对社会可能是不经济的，因为该从业人所能据为己有的不是少于而是多于他那企业对社会的全部净利得……〔这情形〕最易发生在垄断的场合：如同我们见到的那样，一个垄断者增加他最大的净利润，或者更方便地取得同等利润的办法是：用高价少卖的办法来代替薄利多卖，因而减少了对社会

① 西奇威克：《政治经济学原理》，第三版，第406—407页。参看迈英特：《福利经济学理论》，第124—132页。但要注意迈英特教授显然说错了以下的话：“……穆勒的《原理》尽管被确定，‘可用于社会哲学’，但只提及对放任政策显然有限制的例子，例如，未成年人和精神病人公认是没有能力照顾自身有益的”。（第129页）

的服务，反而多得利润。”①

再者，西奇威克也追随穆勒之后看到：

“……在某些场合就要求一整类的生产者采取联合行动或联合节制，用所有的办法或最经济的办法去实现某种效用——（例如）土地低于海平面需要防止水淹，或防止有用的动植物得传染病。在一个完全理想的、由经济人组成的社会中，所有的关系人无疑地会自动同意采取所需措施来防止这样的共同危险：但是……在大多数人的努力和牺牲有可能因一两个人的疏忽而弄得几乎无用的时候，信赖自动的联合总是危险的。在大多数工业部门中为了达到一定的目的而成立联合会这种事实本身，就会促使一些个人观望于联合会之外，这就更有强制的理由了……这里……很容易使人感到信赖自动联合是很轻率的……因为，只要法律还没有强迫禁止〔反社会活动〕则自动禁止〔反社会活动〕的人越多，联合以外的人继续从事〔反社会活动〕的引诱力越大。”②

① 西奇威克：《政治经济学原理》，第三版，第408页。

② 西奇威克：《政治经济学原理》，第409—410页。

第十三章　论见闻不全

一

我们到此为止所得的结果，完全是假定有充分情报和相对理性而形成的经济决定。在这个基础上，我们可以说，合作经济或计划经济总可以得到理想的结果，而个人主义经济只有在（形式上的）特殊环境下才能做到。

如果我们撇开充分情报的假定，这些结论就必然失去它的某些力量。因此就可能有一种不如此就不能是理想的情况，因预计的偏误或情报的差错而偶然产生。也可以想象到（这可能似乎比上述情况更为实际），在作合作经济或计划经济的决定时如有错误，就会产生偏离理想的某种差距。但并没有理由说，因为有这种抽象的可能性就把缺少充分情报时发生的不同情况都等同起来。在我们有根据地下任何结论之前，对哪怕是尝试性的结论，都一定要做好进一步的考察。

二

我们首先可以讲，先前所得的结论未必完全因见闻不全而失效，作为趋势来看，我们的推测还可能是正确的，绝没有走了题。考虑到这种可能性，我们特别要讨论因见闻不全而发生的偏离，哪些是特别紧要的，哪些不是特别紧要的，哪些是在事实上可能实际遇到的。但在此我们是处于特别为难的地位，因为我们的分析太抽象因而不会很深刻。

对于理想所发生的偏离，我们也许可以很有效地区别为：在各种活动中因努力和资源分配不当的结果发生的偏离和在各种活动中因无用乃至有害的结果发生的偏离。在实际中遇到的某些显著偏离理想的情况可能属于后一种类型（虽然在理论讨论上仍将重点置于前者）。我们在第五章、第八章的实例中指出了在一个个人主义的经济中发生的显著偏离理想的情况，是因为存在着可以叫做完全反社会活动或对社会无用活动的结果[①]。只要偏离理想的原因主要是在于存在这种掠夺活动，就可以有某种理由说，见闻不全不会显著地影响到我们关于有理性的集体主义经济的结论，因为这里所要决定的问题是所从事的某种活动是不是对整个集体产生合意结果的一种活动。只要待决定的问题本身不含糊（但要注意广告这样的情况），似乎不必深究事实，就不难随即回答这个问

① 由于这样的活动依据假定是不生产的，它必须用那种等于从别人那里转移财富的方法，使从事这种活动的人获利——这种转移最后总是来自某一个从事生产活动的人，所以可以称为掠夺。垄断性活动、争夺战、窃盗和讹诈都归入这一类。但这种对社会无用的行动至少也有机会成本，从事这种行动的努力和资源也可以用于其他生产方面。因此它与理想状态是矛盾的。当考虑到某些这类活动所产生的直接有害的后果时，当然更增强了这个结论的分量。为了形式上的完整，我们还得提出如下情况作为一种想得到的例外，这就是，这种活动给予从事者的快乐可以超过任何机会成本或其他有关成本的补偿。

题："这种活动是反社会的或对社会无用的吗？"

也可以推想到一种大而很显著的偏离理想的情况是不容易被人忽视的，因而在一个有理性的计划经济中，这种偏离比不显著的偏离更不容许发生。

更一般地说，见闻不全实际上不可能严重到完全推翻我们的论点，为了支持这种看法，我们可以推想业务实践的经验，或管理非竞争经济的经验，至少可以大致判断什么是可获利的情报，什么是集体企望的情报。这些当然构成我们先前讨论中假定的（为作出决定所需的）有关见闻的总和。虽然嗜好、欲望和生产技术上的迅速改变可能严重推翻这个论点①，但无论在个人主义或集体主义经济中，最能够适应消费者愿望的，是**更正**偏误的能力而不是**避免**偏误的能力。

三

只要由见闻不全造成了偏离，的确对处境有所影响，考虑其最可能发生的形态和最可能有的影响就成为很紧要的事情。

---

① 再者，也有米塞斯—哈耶克学派成员很动听地说到的那种可能：因为工作上的极端复杂，管理机关绝不能使技术上有漏洞的安排一定能最有效地实现经济成员的愿望。例如可参看哈耶克：《个人主义与经济秩序》，第七、八、九各篇的讨论以及对这种看法的评论。

里昂惕夫教授首先试图在投入—产出的研究上得到一定程度的答案，该项研究在严格限制的假定上建立了生产系统的模型，在一个简单经济中（比方说大约有三十来个确定的工业），在并不迅速随时间改变的情况下，得出不同部门相互之间的不变生产系数。在这样简单的场合，就能借这种分析的帮助，迅速而细致地计划生产。特别参看里昂惕夫：《美国经济结构》。

首先，我们可以观察到，见闻不全对有理性的个人情况与有理性的非个人情况的影响并不是对等的。当情报完全的个人情况未能实现其理想结果的时候，见闻不全可能使情况接近理想，也可能远离理想。但在非个人的场合，我们却遇不到这样的不同情况，因为对最适度情况的任何偏离，几乎都必然是不利的。

在进行考察以前，把有关的情报分为以下三类是较为方便的：

(1)关于影响任何个体本身活动的情报；

(2)关于影响几个个体活动的情报；

(3)有关气候、一般资源情况等的所谓自然现象情报。

毫无疑问，直接有关的个体较之任何中央统筹机关，一般说来当然更容易得到第(1)类的情报。因此在一个多变的世界中，就可以有说服力地讲：某些企业的经理人比之政府代理人，一般会得到关于有效运用其设备的更好情报，即使政府代理人本身在某一时期也是同样事业的经理人也不例外。代理人很少可以完全精通任何特定厂商的业务，当他想要同时经管很多细节不同的事业时，情况尤其是这样。因此，一项活动，如果主要是对从事者本人有影响，只要从事者掌握了完全的见闻，即使在个人主义的安排下，也会进行得很理想；可以料想，即使情报不全，在个人主义的秩序下，也会有接近于理想的活动。

当某些人不了解那些只有统筹机关的成员才知道的某种技术情报时，以上的结论会发生例外。例如，有些农民对政府所深知的农业技术上的那些改良，可能一无所知。但这种例外不过要求统筹机关把情报传布一下。

但当有关情报属于第二种类型，各种集体成员的活动都相互依存的时候，如果人数众多，关系复杂，则个体的经济成员所得的情报就会不完全。在这种情况下，设立情报交流机构可能会有所改进，但这种措施是不完善的，孤立个体所得的情报一定要比统筹组织的人们少得多。在一种个人主义经济中，只要当前和未来的活动归根结底是建立在非统筹决策的基础上的，在每一特定时刻都有某些活动正在进行，某些活动有待进行，在这样一种经济中，传布关于别人未来活动的情报，必然是不完全和陈旧的。

希克斯[①]列举了预期不能实现的两类原因（这种情形可以因集中计划而消减）。第一，预期可能不一致，在这种情形下，显然有某些预期必然要失望；第二，即使预期都相似乃至等同，依据这种预期制订的计划也可能与预期的结果不一致。这很容易说明，早期的农情通报可以提供农民某种指导，使他了解别的农民所订的初步计划，以便相应地调整他自己的计划。但他只是推测一下其他农民的计划有什么改变，如此而已。相对歉收的早期情报，很容易引起价格猛涨的联想，很多农民竞相扩大种植面积，最后造成供过于求。[②] 在一个统筹的经济中，当然不可能有这样的供过于求，也就是说，要是真的出现过剩，那也是出于其他的原因。但也要注意，管理机关之所以消息灵通、高瞻远瞩是由于它能控制这种前景，而对于非管理经济的前景，事实上它也像任何经济成员一样，

① 希克斯：《价值与资本》，第 133—136 页，再参看多布：《政治经济学与资本主义》，第 275 页及以后各页；迪金森：《社会主义经济学》，第 93—98 页。

② 注意，这种推测易败的论点，只可能以个人主义经济中很难获得他人计划的情报为基础。例如可参看伊齐基尔：《推测易败理论》，载《经济学季刊》，1938 年 2 月，转载于《经济周期理论研究》，美国经济协会监督出版。

得不到什么可靠情报。

关于类型(3)即自然现象的情报不全,不论在个人主义的安排上或者非个人主义的安排上,一般似乎都未见其有什么明显的长处。如果为了改进这方面的情报,需要统筹组织开支很大的研究基金,则非个人主义的安排,可能有某种长处。再者,个人分散进行的研究,可能发生某种重复,因为所得成果不可能充分传布,甚至还可能有意保密。另一方面,企图统筹组织研究也有可能正好阻止研究。

我们从以上一切所能得到的尝试性教训是,在某些场合,由个人发挥首创精神进行研究比较有利,也就是说,在研究者所从事的活动只影响本人时,见闻不全可能正合个人的心意。同理,在另外一些场合,集体行动就会是合意的,这是由于这里必须考虑并协调很多个体的计划,不完全的见闻有可能加强对集中统制的合意性。但必须强调,因为前提太抽象,所以推得的这些结论至少必须打些折扣。

四

我们可以将情报不全对各种安排的稳定性的影响归结为几句话。不过,笼统地说,情况是复杂的。有一种情况,只要提供完全情报,本来是可以稳定的,但要是见闻不全,就可能变为不稳定,因为有些人在这种环境下虽然有致富的可能,但他还可能错误地相信不这样也许更好。

同样,如果集体成员不理解只要改变他们的活动就可以改善处境，见闻不全还可能使不如此就不稳定的情况成为稳定。未来的每项新发明，只要认识到它的可能性，了解到它的结构方法，就会在目前产生影响；这个事例颇足说明见闻不全会增大稳定性。

一般说来，人们对他们的情报是不完全的这一点，是有自知之明的，所以对作为他们决策基础的那些现有的情报和估计，往往半信半疑，因而在他们的计算中引进了风险的因素。[①] 这意味着：既然人们喜欢确定而不喜欢风险，同时一群个体也有机会依据确定的后果改变他们的活动，达到所预期的无差异边缘，那么他们对于只是看来像有可能实现的结果，就不愿意进行这种改变。只要人们普遍抱着“捞取实惠”的态度，那么，只要情报存在缺陷，都无疑地会使任何处境增大其稳定性。事实证明，很多公认为不完全的经济体系之所以能稳定，其中一个重要的因素，毫无疑问就是见闻不全。

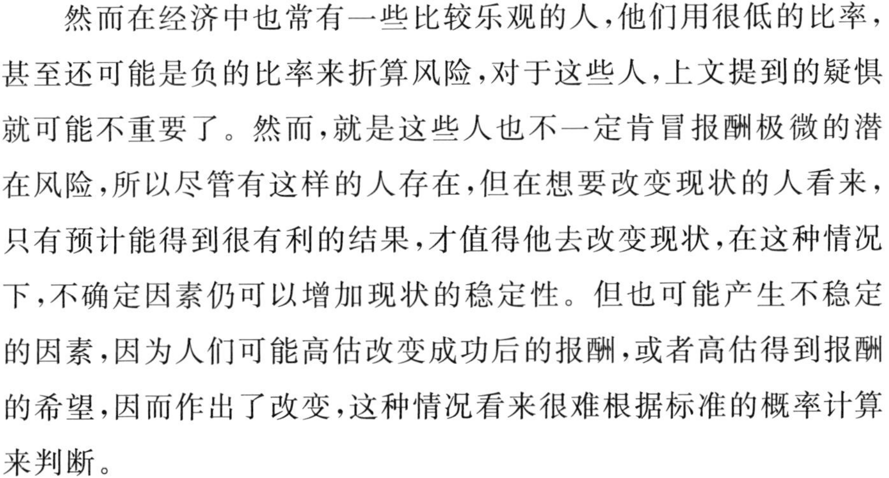

然而在经济中也常有一些比较乐观的人，他们用很低的比率，甚至还可能是负的比率来折算风险，对于这些人，上文提到的疑惧就可能不重要了。然而，就是这些人也不一定肯冒报酬极微的潜在风险，所以尽管有这样的人存在，但在想要改变现状的人看来，只有预计能得到很有利的结果，才值得他去改变现状，在这种情况下，不确定因素仍可以增加现状的稳定性。但也可能产生不稳定的因素，因为人们可能高估改变成功后的报酬，或者高估得到报酬的希望，因而作出了改变，这种情况看来很难根据标准的概率计算来判断。

---

① 参看奈特教授：《风险、不定与利润》，第七章，尤其是第 213 页及以后各页。

如果这一节在论点上使用的朴素心理观点还认为有某种正确性，那就勉强可以得到两个结论。第一，假如偏离理想只使从事者获利甚微，公认的见闻不全就将促成合作的协议，以免采取强制的办法；在这种情况下，结果是明显的。第二个结果同稳定问题没有直接的关系，它是说在有这样的风险时，对于风险大、获利多的行业，个人主义的安排可能产生投资过多；对于风险不大，报酬比较适中的行业，个人主义的安排则可能产生投资不足的情况。

第十四章　结束语:福利经济学毁了吗?

只要我们仅限于讨论一般性的问题,我们还能提出一些并非纯粹破坏性的意见,不过这样一来,不免会离题万里,大大超出福利经济学的范围。我们探讨了:在什么情况下,理性有可能推动公民们接受政府的干预,既然如此,那么我们现在就能对这个问题提出客观而明确的意见了吗?难道我们就能断定,在某种场合,政府应该或不应该进行干预吗?再进一步问,假如我们能够断定人们赞成干预,我们能提出干预的类型和范围吗?对这些问题的解答,像先前指出的一样,[①]我是非常怀疑的。

我们显然可以介绍某种类型的业务实践,譬如垄断机构的使用暴力、对证券市场的操纵乃至失业问题等,因为这里显然都有一个错用了专利资源的问题,而按照经济学家一般公认的价值判断体系,这都是些令人大伤脑筋的问题,假如我们自问,就算我们的资源在某种意义上都作有效使用,这种使用究竟是不是最好的,怎样才能最好地使用(即理想产量的问题),对现有的使用法该不该

① 本书第 6 页和第 21 页。参看利特尔:《福利经济学基础》,载《牛津经济论文集》,1949 年,尤其是第 238 页。再参看利特尔:《福利经济学评述》,特别是第十一章,第十四章。

有所改进，那就更难回答了。

福利经济学在这里似乎产生了包罗最广的例证，大多数的分析也趋向于这个方向；但是对于这些结果我们能有多少信心呢？给了我们种种规律，不过要时常谨防用错，它们还有很多附加条件。在一个完全国有化的经济中，厂商出售货品的价格照例应等于边际成本。但如各厂商的生产成本相互牵连，以致该厂商的成本与社会成本有差异，为什么供售这些货物仍应按照该出售厂商的边际成本呢？再说如果消费上有外部经济，为什么用一种物品的买价作为衡量其边际社会效用的尺度呢？用边际成本等于价格的规律来使社会福利达到最大，当然是暗示了我们以边际成本作为边际社会成本，以价格等于边际社会效用，因而得出了边际社会效用等于边际社会成本的结论。根据通常论点，这是使社会的净福利达到最大的一个必要条件。①

诚然，要是有了外部经济，的确可能出现很多特殊情形：垄断产量可能太大，竞争产量可能太小。因为我们不了解外部经济和外部不经济怎样在有关的不同范围内影响到通常的结论，所以我们就不可以假设这些偏离平均起来会相互抵消，因为假设未知数有相等的可能性是谬误的。除非在任何既定的场合我们可以估计出外部经济的大小和影响，或除非在特殊的场合我们可以指出外部经济是微不足道的，不然的话我们作为实证主义的经济学者是

① 这并不否认还有可能用一种满意的形式分析，以得出更普遍的正确的规律。例如，可参看廷特纳：《福利经济学释义》，载《计量经济学》杂志，1946 年。但如用这样的规律来指导行动我确有怀疑。对整个课题，可参看米德：《勒纳先生的〈统制经济学〉》，载《经济学杂志》，1945 年 4 月。

完全无权说话的。[①]在一个存在外部经济的世界上,难道我们只依据理论就能断定配给制更易于增加对理想的偏离吗?或者根据这个观点就说所得税比直接税不合意吗?[②]或者就应该允许出售配给券吗?大多数的结论似乎都表示福利经济学的成就好像成了问题,有些甚至认为完全站不住脚的。

总起来说,问题就在于:只要在我们经济单位活动的结果上,我们承认有某种类型的相互依存,那我们的分析就会全盘崩溃。我们也知道,如把这些类型的相互依存简单地假定为微不足道或者根本不存在,就会引入歧途。这样的假设并不是不偏不倚的,它毋宁会固执地引导我们接受放任主义的思想。我们切不可自欺欺人地相信我们已经得到了有意义的结论,如果结论是这个样子的话:除非是出现重要的外部经济或外部不经济,不然的话情况就是如此这般的。这只不过是告诉我们,问题中可能最有意义的部分我们还没有开始考察哩。我们无非是为了掩饰我们的无知找到了遁词,如此而已。

我们能一般地说生产上和消费上的外部经济不重要吗?我非常怀疑这一点。[③] 我们只要考虑到两个有相同人员和设备的工厂,一个设在与世隔绝的无居民区,一个设在工业区,虽则地理和气候的条件一样,其生产成本会有怎样的不同就够了。诚然,如只

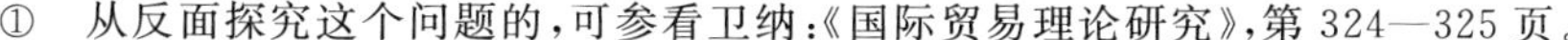

① 从反面探究这个问题的,可参看卫纳:《国际贸易理论研究》,第 324—325 页。

② 关于这种议论,参看亨德森:《间接税事例》,载《经济学杂志》,1948 年 12 月,对不同的意见,可参看利特尔:《直接税与间接税》,载《经济学杂志》,1951 年 9 月。

③ 对不同的意见,可参看埃和斯和费勒:《外部经济与外部不经济》,载《美国经济评论》,1943 年,特别是第 509、511 页。

假设有相同的人员，我们就失去了某些说服力，因为雇工的训练和技巧会从厂家地理上的接近得到好处。①

同样，我们可以想象到，要是处于另一个社会，就像在当地土生土长似地完全吸收了它的文化，(虽然我们的机会并未改变)我们的消费需求和支出的模式会有怎样的改变，这也许就可以看出消费上有外部经济的意义了。

另一方面，也许有人会说，一个人的购买或一家厂商的产量有了微小的改变，对于经济环境不会有什么影响，所以这些影响是可以略而不计的。但我想政府的作用就是要注意这些微小影响的综合结果，因为这些微小影响可能会发展成经济管理方面的头等大事。的确，我们的消费愿望还是很不确定和易变的，因而在消费者主权的讨论上，所研究的问题大多数都是既微小又不重要的、只要很粗略很随便地照消费者的需求去做就是了。这种说法似乎不无道理。那么，要是用操纵价格来影响购买，它会真正而深远地影响到消费者整体的福利吗？回答可能是肯定的，但我们有把握吗？

这里应当澄清两点。第一，我并不认为由于我们的分析结构太不完善，我们不能尽到经济理论家应尽的责任——作出绝对明确的答案，因而对有关的实际问题，就可高举双手而不采取任何行动。这样一个失望而无能的想法并不是我的意思。我相信政治家在很多场合，不管分析得完全或不完全，在许多这样的问题上，都应当主动地或被动地见诸行动。自然，我不能否认，信赖一些常识

① 罗森斯坦—罗登博士曾向我说，这大可说明许多“落后地区”不易工业化的缘由。对于说明印度长期以来投资安全、工资总是低廉的情况尤其重要。

和经验，总要比我对善良的意图是否合意进行挑剔，要有价值得多。我也不以为政治家在这些问题上不能从“实用”经济学家的观察和判断上得到有益启发和一臂之力。

第二，我真诚地相信这样的福利理论尽管不太高明，也能作出重要的贡献；因为它在批驳虚假的论点和轻率的谬见上最为有用，这种有益的作用是应该永远欢迎的。正如庇古教授所曾指出的，抽象的议论要是只成为一个空箱子，是不能指出（在经验上）何者是正确的，但它却常常能（表示矛盾所在）指出何者是不正确的，甚而往往能指出何者是尚待证明的。毋庸置疑，这种作用的价值在过去并未得到承认。而这种价值，可能就是写这本书的主要理由。

但是像“外部经济”和“外部不经济”这类问题基本上还仍然是经济学上的空箱子，这就使这不太高明的福利理论无法得到进一步的应用。

依据经验上的考察[①]并分析各经济单位活动的相互依存问题，对这个课题有没有什么进展的希望呢？我不敢自作聪明地提出哪怕是尝试性的答案。但是我以为这个课题如果引起了实践家们的极端重视，就必须正视这个问题并回答这个问题。

① 在本书写成后，已经有了第一个有指望的尝试。参看卡普：《私人企业的社会成本》。

汉英人名对照表

三画

马可 Marco,Antonio
马斯格雷夫 Musgrave,R. A.
马歇尔 Marshall,Alfred
门宁格 Menninger,Karl A.
卫纳 Viner,Jacob
凡勃仑 Veblen,Thorstein

四画

瓦尔拉 Walras,Léon
瓦格纳 Wagner,Adolph
巴师夏 Bastiat,Frédéric
巴斯塔布尔 Bastable,C. F.
巴伦 Barone,Enrico

五画

卡普 Kapp,K. W.
卡尔多 Kaldor,Nicholas
卡恩 Kahn,R. F.
卡莱茨基 Kalecki,M.
卡塞尔 Cassel,Gustav
古尔德 Gould,Jay
古诺 Cournot,Augustin
叶泽 Jèze,G.
白基浩 Bagehot,Walter
弗雷泽 Fraser,L. M.
弗里德曼 Friedman,Milton
边沁 Bentham,Jeremy

六画

多布 Dobb,Maurice
多兰斯 Dorrance,Graeme
多玛 Domar,E. D.
米特 Mead,Margaret
米德 Meade,James
米塞斯 Mises,Ludwig von
迈英特 Myint,Hla
伊庆基尔 Ezekiel,Mordecai
休谟 Hume,David
乔斯 Coase,R. H.
西奇威克 Sidgwick,Henry
廷特纳 Tintner,Gerhard

七画

麦考利 Macaulay,T. B.

麦克库洛赫 McCulloch,J. R.
里昂惕夫 Leontief,Wassily
里普利 Ripley,W. Z.
里得 Reder,Melvin
希奇 Hitch,C. J.
希克斯 Hicks,J. R.
希拉斯 Shirras,G. F.
亨德逊 Henderson,A. M.
肖夫 Shove,G. F.
庇古 Pigou,A. C.
利伯斯坦 Leibenstein,H.
利特尔 Little,I. M. D.
李斯特 List,Friedrich
克拉克 Clark,J. M.
克郎瓦特 Kleinwächter,F.
杜森贝里 Duesenberry,J. S.
沃克尔 Walker,E. R.
杨格 Young,A. A.
阿罗 Arrow,K. J.
张伯仑 Chamberlin,Edward

八画

罗伯逊 Robertson,D. H.
罗宾逊·琼 Robinson,Joan
罗宾逊 Robinson,E. A. G.
罗宾斯 Robbins,Lionel
罗森斯坦一罗登 Rosenstein-Rodan
帕累托 Pareto,Vilfredo
孟迪维尔 Mandeville,Bernard
林奇 Lynch,David
林达尔 Lindahl,Frik
拉希 Lasch,R.
奈特 Knight,F. H.
迪金森 Dicklnson,H. D.
范德比尔特 Vanderbilt,Cornelius
杰文斯 Javons,W. S.
凯恩斯 Keynes,J. M.

九画

哈罗德 Harrod,R. F.
哈罗逊 Haraldson,W. C.
哈维里莫 Haavelmo,Trygve
哈耶克 Hayek,F. A.
科恩 Cohn,Gustav
施蒂格勒 Stigler,G. J.
郝尔 Hall,R. L.

十画

埃利斯 Ellis,H. S.
埃奇沃思 Edgeworth,F. Y.
朗格 Lange,Oscar
配第 Petty,William
席托夫斯基 Scitovsky,Tibor
莫干斯坦 Morgenstern,Oskar
泰勒 Taylor,F. M.
诺曼 Neumann,John von
格雷夫 Graaff,J. de V.
陶西格 Taussig,F. W.

十一画

勒纳 Lerner,A. P.

维克来 Vickrey,William
梅益 Myers,Gustavus
萨克思 Sax,Emil
萨伊 Say,J. B.
萨缪尔森 Samuelson,P. A.

十二画

斯密 · 亚当 Smith,Adam
斯托克 Storch,Henri
斯拉法 Sraffa,Piero
斯威济 Sweezy,P. M.
温格尔 Suranyi-Unger,Theo
博尔丁 Boulding,Kenneth
道尔顿 Dalton,Hugh

十三画

路兹 Lutz,F. A. and V. C.
瑞多密斯勒 Radomysler,A.

十四画

熊彼特 Schumpeter,Joseph

十五画

德鲁 Drew,Deniel

十六画

穆勒 Mill,J. S.

十七画

魏克塞尔 Wicksell,Knut

图书在版编目(CIP)数据

福利经济及国家理论/(美)鲍莫尔著;郭家麟,郑孝齐译.—北京:商务印书馆,2017
(汉译世界学术名著丛书:120年纪念版:珍藏本)
ISBN 978-7-100-14183-3

Ⅰ.①福… Ⅱ.①鲍… ②郭… ③郑… Ⅲ.①福利经济学 ②国家理论 Ⅳ.①F061.4②D03

中国版本图书馆CIP数据核字(2017)第137685号

汉译世界学术名著丛书
(120年纪念版·珍藏本)
福利经济及国家理论
〔美〕鲍莫尔 著
郭家麟 郑孝齐 译

商务印书馆出版
(北京王府井大街36号 邮政编码100710)
商务印书馆发行
南京爱德印刷有限公司印刷
ISBN 978-7-100-14183-3

2017年12月第1版 开本710×1000 1/16
2017年12月第1次印刷 印张13¼
定价:73.00元